어휘력 **탄탄** 문해력 **쑥쑥**

초등 **바른 글씨**

지은이 임예진

'손끝느낌'으로 알려진 감성 손글씨 작가. 캘리그라피로 써 내려간 좋은 글을 사람들과 나누고 좋아하는 일이 직업이 된 행복한 캘리그라퍼다. 연필보다 키보드가 익숙한 아이들이 글씨를 쓸 때 어려워하는 것을 보며, 도서관과 학교 등에서 초등학생을 대상으로 악필을 교정하고 바른 글씨를 쓸 수 있도록 글씨 수업을 진행하고 있다.

선문대학교와 충남도립대학교, 한국기술교육대학교, 충남 교육청, 한국자산공사, 삼성디스플레이 등 대학과 단체, 기업 등에서 강의를 했다. 다양한 행사와 캘리그라피 전시회를 통해 많은 이들과 함께하며 강의와 작품 활동을 꾸준히 하고 있다.

《하루 한 시간, 캘리그라피》《손글씨 처방전》《펜으로 시작하는 영문 캘리그라피》《된다! 사각사각 아이패드 드로잉》을 집필하였고, 연하 도서《하루 한 장 명언 캘리그라피》《손글씨로 풀어 쓴 청렴 메시지 공명청언》을 펴냈다.

인스타그램 @ iyj1120
블로그 https://blog.naver.com/yeajin11
이메일 yeajin11@naver.com

저자의 말

글씨를
잘 써야하는 이유

어릴 때부터 디지털 기기를 접한 아이들은 한글을 쓰는 것보다 타자로 치는 것에 더 익숙합니다. 심지어 음성으로 원하는 것을 검색할 수 있게 되면서 쓰기와 점점 더 멀어지고 있습니다. 하지만 모든 순간을 휴대폰과 같은 디지털 기기와 함께할 수 없습니다. 시간이 지나도 언제나 뚜렷한 기억을 불러오는 것은 역시 손으로 쓴 글씨입니다.

우리는 그림, 글, 영상 등으로 다양하게 '나'를 표현합니다. 글씨 역시 '나'를 표현하는 방법 중의 하나입니다. 받아쓰기나 논술 시험은 여전히 손으로 써야 합니다. 그런데 글씨를 알아보기 어렵다면 글이 아무리 좋아도 선생님 마음을 울리기 어렵습니다. 마음은 반듯하게 전해져야 누군가에게 남습니다.

이 책을 통해 아이들이 글씨를 아름답게 쓸 수 있고, 글이나 대화에서 알맞은 단어를 선택할 수 있으며 어려운 글도 척척 읽을 수 있기를 바랍니다. 아름다운 글씨가 주는 매력에 흠뻑 빠지는 30일이 되기를 바랍니다.

손끝느낌 **임예진**

저자의 말 글씨를 잘 써야하는 이유 ... 004
이 책을 활용하는 법 ... 008
준비하기 바른 글씨 쓰기를 하기 전에 ... 012

1장 재미있고 유익하게 바른 글씨를 배워요

01일 선 그리기 ... 018
02일 자음 쓰기 ... 024
03일 모음 쓰기 ... 030
04일 한 글자, 받침 글자 쓰기 ... 036

2장 바른 글씨를 쓰면서 어휘력도 길러요

05일 두 글자 쓰기 ... 048
06일 받침 글자 쓰기 ... 052
07일 세 글자 쓰기 ... 056
08일 겹받침 글자 쓰기 ... 060
09일 비슷한 두 글자 쓰기 ... 064
10일 소리가 비슷한 글자 쓰기 ... 074
11일 모양새가 비슷한 글자 쓰기 ... 084
12일 헷갈리기 쉬운 글자 쓰기 ... 094
13일 세 글자, 네 글자 쓰기 ... 104

3장 바른 글씨를 쓰면서 띄어쓰기와 어휘까지 배워요

14일 두 글자 띄어쓰기 ... 116
15일 세 글자 띄어쓰기 1 ... 124
16일 세 글자 띄어쓰기 2 ... 132
17일 네 글자 띄어쓰기 ... 140
18일 다섯 글자 띄어쓰기 ... 148

4장 바른 글씨로 다양한 문장을 써 보아요

19일 일상생활에서 쓰는 관용구 쓰기 ... 158
20일 재미있는 속담 쓰기 ... 162
21일 조상의 지혜가 담긴 사자성어 쓰기 ... 166
22일 꿈이 자라는 명언 쓰기 ... 170
23일 아름다운 동시 쓰기 1 ... 174
24일 아름다운 동시 쓰기 2 ... 178

5장 바른 글씨로 긴 글을 써 보아요

25일 재미있는 전래동화 쓰기 〈콩쥐팥쥐〉 ... 184
26일 감동적인 세계 명작 쓰기 〈키다리 아저씨〉 ... 188
27일 교훈적인 이솝 우화 쓰기 〈개미와 베짱이〉 ... 190
28일 일상의 바른 글씨 | 알림장 쓰기 ... 194
29일 일상의 바른 글씨 | 일기 쓰기 ... 196
30일 일상의 바른 글씨 | 독서 노트 쓰기 ... 198

부록 특별한 날, 특별한 글씨를 써 보아요

특별한 날의 손글씨 쓰기 | 축하카드 ... 202
특별한 날의 손글씨 쓰기 | 감사카드 ... 206
숫자 쓰기 ... 210   알파벳 쓰기 ... 213

초등 바른 글씨 연습장 ... 219

바른 글씨 쓰기를 하기 전에

아이에게 바른 글씨를 연습시키는 부모님을 위한 가이드를 제공해요.

 ## 1장 재미있고 유익하게 바른 글씨를 배워요

바른 글씨를 위한 선과 자음, 모음 등을 제대로 쓰는 연습해요.

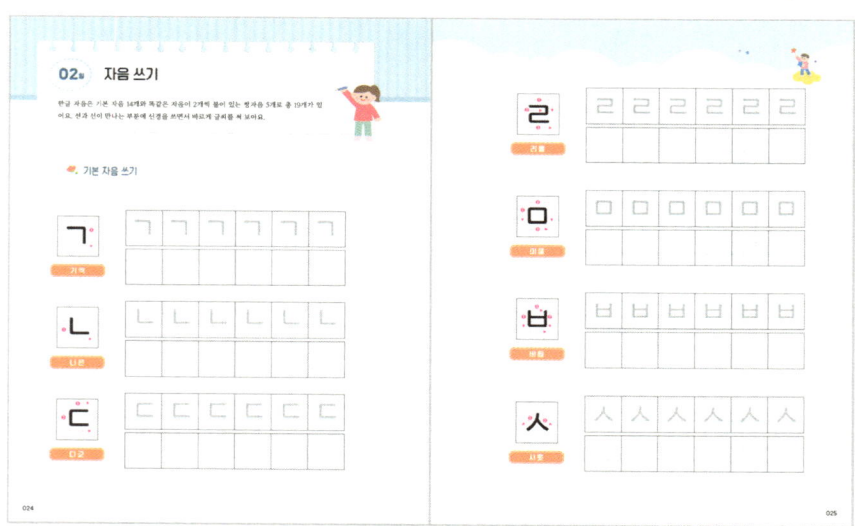

이 책을 활용하는 법

2장   바른 글씨를 쓰면서 어휘력도 길러요

다양한 어휘와 짧은 문장을 써 보면서 바른 글씨를 연습해요.

3장   바른 글씨를 쓰면서 띄어쓰기와 어휘까지 배워요

띄어쓰기를 제대로 해야 문장이 가지런하고 의미 전달이 정확해요.

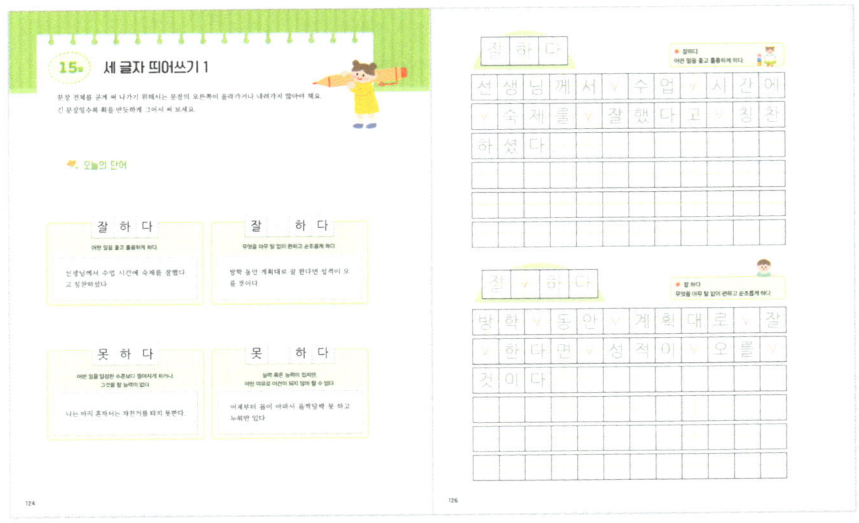

4장　바른 글씨로 다양한 문장을 써 보아요

일상생활의 관용구, 속담, 사자성어, 동시 등으로 바른 글씨를 연습해요.

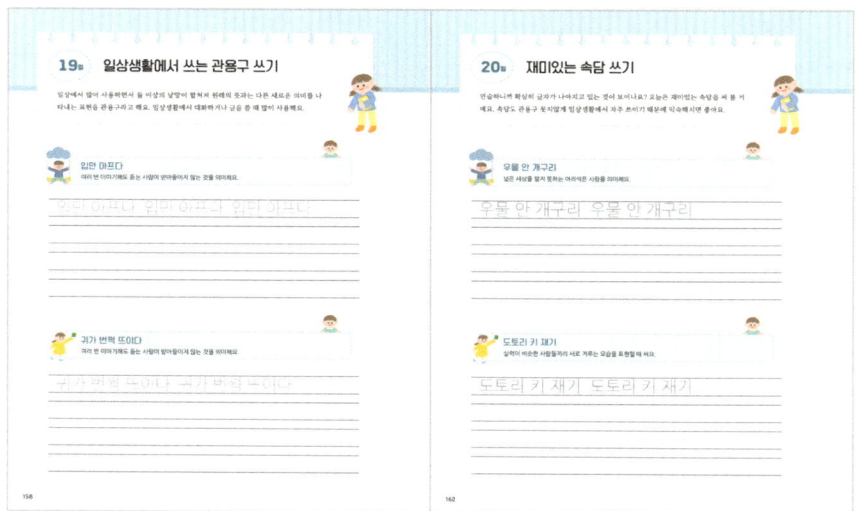

5장　바른 글씨로 긴 글을 써 보아요

긴 글을 써 보며 바른 글씨로 필기 연습을 해요.

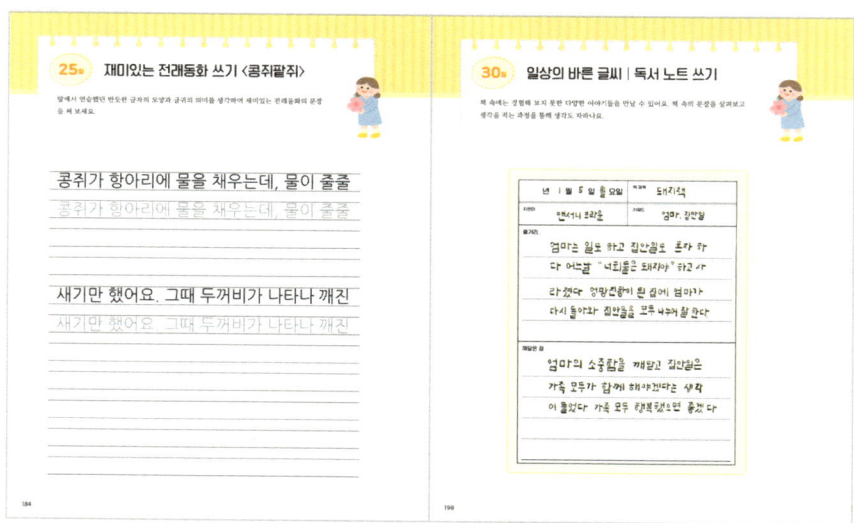

이 책을 활용하는 법

부록 특별한 날, 특별한 글씨를 써 보아요

특별한 손글씨로 카드를 써 보고, 숫자와 알파벳 쓰기를 연습해요.

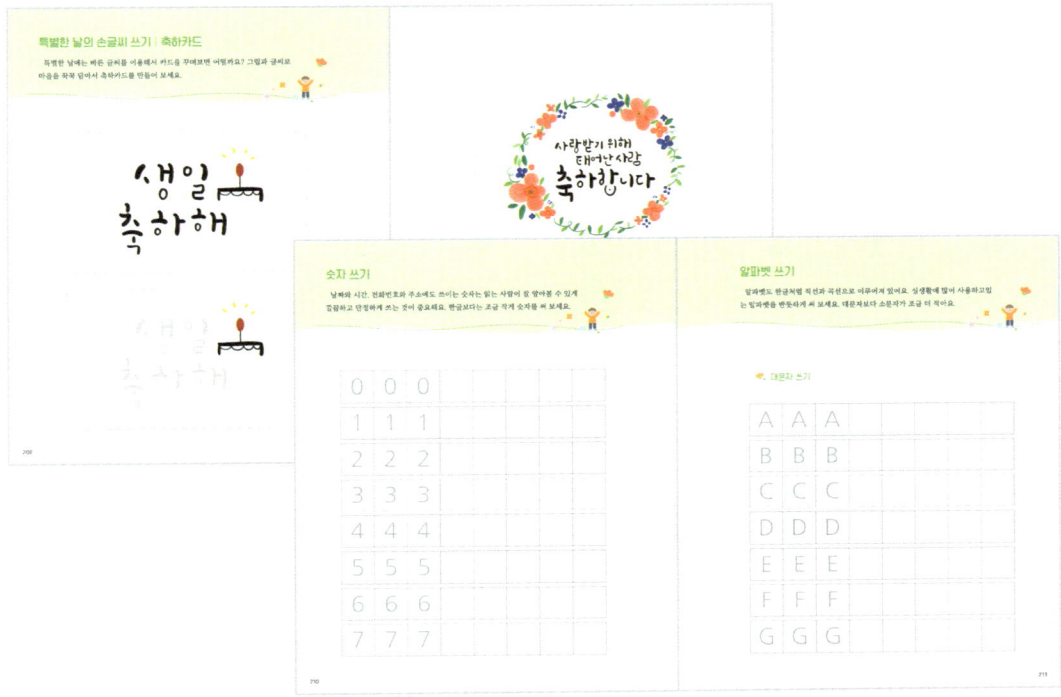

준비하기 바른 글씨 쓰기를 하기 전에

🌷 내 글씨를 진단해 봐요

❶ 너무 빨리 쓰고 있지 않나요?

천천히 글씨를 쓰면 힘이 있고 반듯한 느낌을 줄 수 있어요. 뭐든지 빨리하다 보면 알고 있는 것도 실수하게 돼요. 빠르게 썼지만 나중에 나도 알아볼 수 없다면 글씨를 쓸 필요가 없겠죠?

❷ 바른 자세로 앉아 연필을 바르게 잡고 있나요?

연필을 너무 멀리 잡거나 가까이 잡으면 글씨가 삐뚤빼뚤해져요. 컴퓨터의 키보드를 칠 때도 바르게 손을 올려놓는 방법이 있듯이 글씨도 바르게 쓰기 위한 자세가 있어요. 엎드려서 쓰거나 턱을 괴고 글씨를 쓰고 있지는 않나요? 허리를 펴고 반듯하게 앉아서 글씨를 써야 바르게 쓸 수 있어요.

❸ 글씨가 구불구불한가요?

힘없이 구불구불한 글씨는 나중에 읽어보면 의미를 알 수 없어요. 글씨를 처음부터 반듯하게 쓰는 연습을 하지 않으면 앞으로 글씨가 예쁘지 않게 돼요. 자신에게 맞는 연필을 고르고 바른 자세로 써요.

🌸 연필을 고르고 바른 자세로 써요

연필 고르기

연필을 잡는 것이 처음이어서 아직 어색한 어린이는 점보 크기의 연필로 연습해도 괜찮아요. 점보 크기의 연필을 잡는 것이 편해지면 일반 크기의 연필을 사용해 보아요.

연필은 진하기에 따라 B, 조금 더 연한 HB가 있어요.

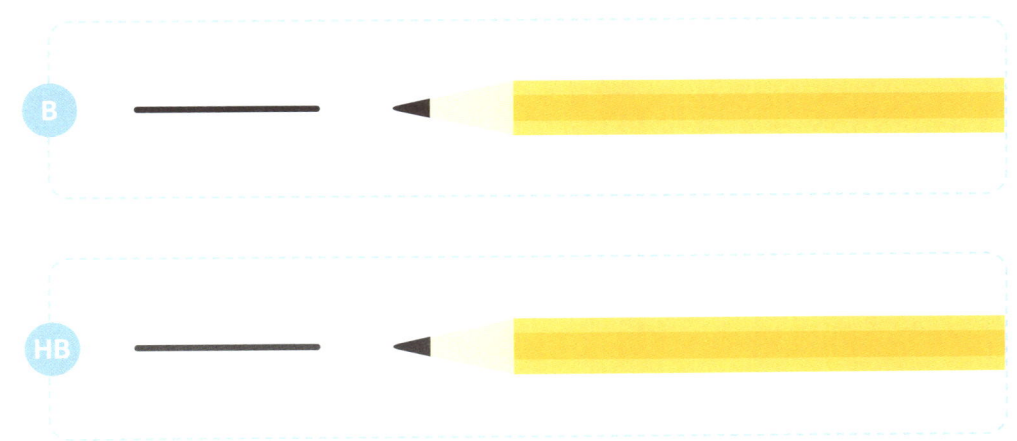

바른 자세로 앉기

의자에 앉기 전에 책상과 의자의 높낮이가 내 키와 잘 맞는지 확인합니다. 의자는 두 발이 바닥에 닿고 책상은 글씨를 쓸 때 어깨가 편안해야 해요.

허리는 곧게 펴고 목을 약간 숙여 주세요. 팔꿈치가 책상 위로 올라오지 않도록 하고 내 몸 바로 앞에 공책을 놓아요. 책상과 몸 사이에는 주먹이 들어갈 수 있는 정도의 거리를 두세요.

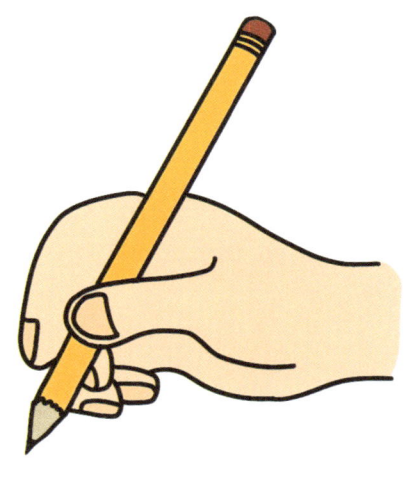

연필 잡기

　연필을 잡을 때는 손가락이 연필심에 닿을 만큼 가깝지 않고, 연필대의 뒷부분을 잡을 만큼 멀지 않아야 해요. 가운뎃손가락으로 연필대의 앞쪽을 받치고 엄지손가락과 집게손가락을 모아서 연필대를 잡아야 해요.

　연필을 잡을 때는 완전히 세워서 잡지 않고 살짝 기울여야 해요. 연필을 완전히 세운 채로 글씨를 쓰면 내 글씨가 잘 보이지 않고 힘이 많이 들어가서 좋지 않아요. 아무리 글씨를 잘 써도 오래 쓸 때 힘들다면 연필을 잡고 싶지 않을 거예요.

한글이란 무엇일까요

우리의 한글

　세종대왕은 우리나라 백성들이 글을 몰라 어려움을 겪자 이를 안타깝게 여겨 집현전 학자들과 함께 누구나 배우기 쉬운 한글을 만들었어요. 자음과 모음으로 이루어져 있는 한글은 직선, 사선, 동그라미의 반복이에요.

한글을 고딕체로 쓰는 이유

　훈민정음에 기록된 초기 한글의 모습은 고딕체에 가깝다고 해요. 붓글씨만 존재하던 시기에 세종대왕은 백성들이 알아보기 쉽도록 고딕체로 한글을 만들었어요.

　고딕체는 글자의 굽은 곳이나 꾸밈이 없고 가로획과 세로획이 일정해서 바른 글씨 쓰기 연습에도 좋아요. 우리도 학교나 일상생활에서 많이 쓰고 휴대폰에서 주로 사용하는 고딕체로 쓰기 연습을 할 거예요.

이렇게 공부해요

반듯하고 예쁜 글씨가 될 수 있도록 선 그리기부터 자음과 모음 쓰기 그리고 글자 쓰기를 함께 공부해 볼 거예요. 날마다 SNS에 꾸준하게 글씨를 올리며 변화를 살펴보는 것도 좋아요.

조선 최고의 명필가인 한석봉은 여러 가지 글씨 쓰기에도 뛰어났지만 자신만의 독특한 글씨체로 이름이 높았습니다. 우리 친구들의 글씨가 지금 연습하는 글씨와 똑같지 않더라도 기본적인 부분을 잘 지켜서 썼다면 너그러운 마음으로 변화하는 글씨를 지켜봐 주세요. 우리 친구들 중에 독특하고 멋진 글씨를 쓰는 제2의 한석봉이 나올지도 모르잖아요?

1장

재미있고 유익하게
바른 글씨를 배워요

 선 그리기

앞서 연습했던 연필 잡는 방법을 잊지 말고 적당히 힘을 줘서 선 그리기를 연습해 보세요.
글씨를 쓰기 전에 매일 연습한다면 나날이 정돈된 글씨를 만날 수 있을 거예요.

🌸 선 연습하기

한글은 가로선, 세로선, 비스듬한 선과 동그라미로 이루어져 있어요. 글씨체에 따라 둥근 선으로도 쓸 수 있어서 선 그리기 연습을 하면 글씨 쓰기에 도움이 되어요.

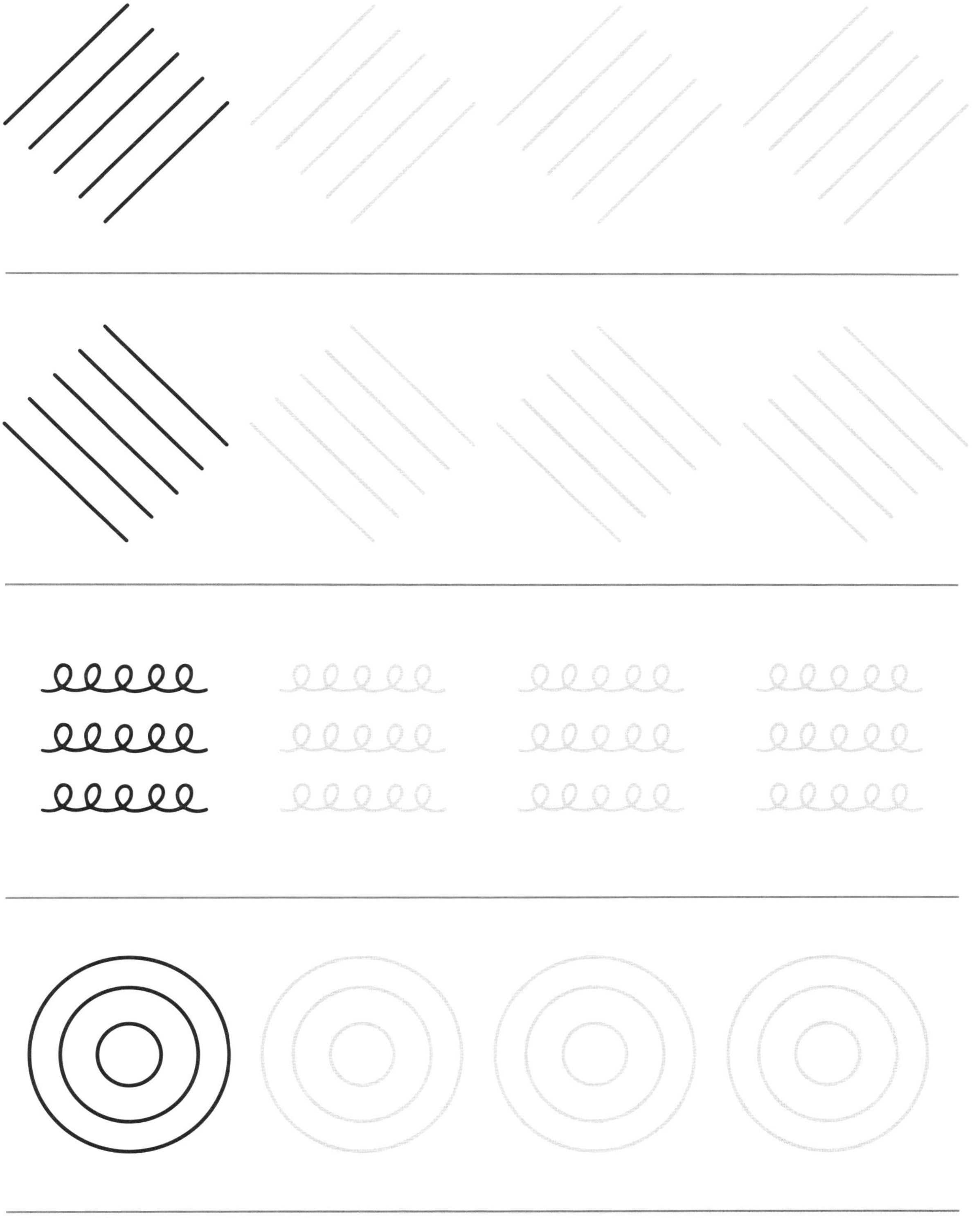

🌸 그림 그리기

연필로 가볍게 그림을 그리면서 재미있게 선 그리기 연습을 해 봐요. 열심히 연습한 그림은 나중에 글씨를 아름답게 꾸미는 캘리그라피를 할 때도 유용할 거예요.

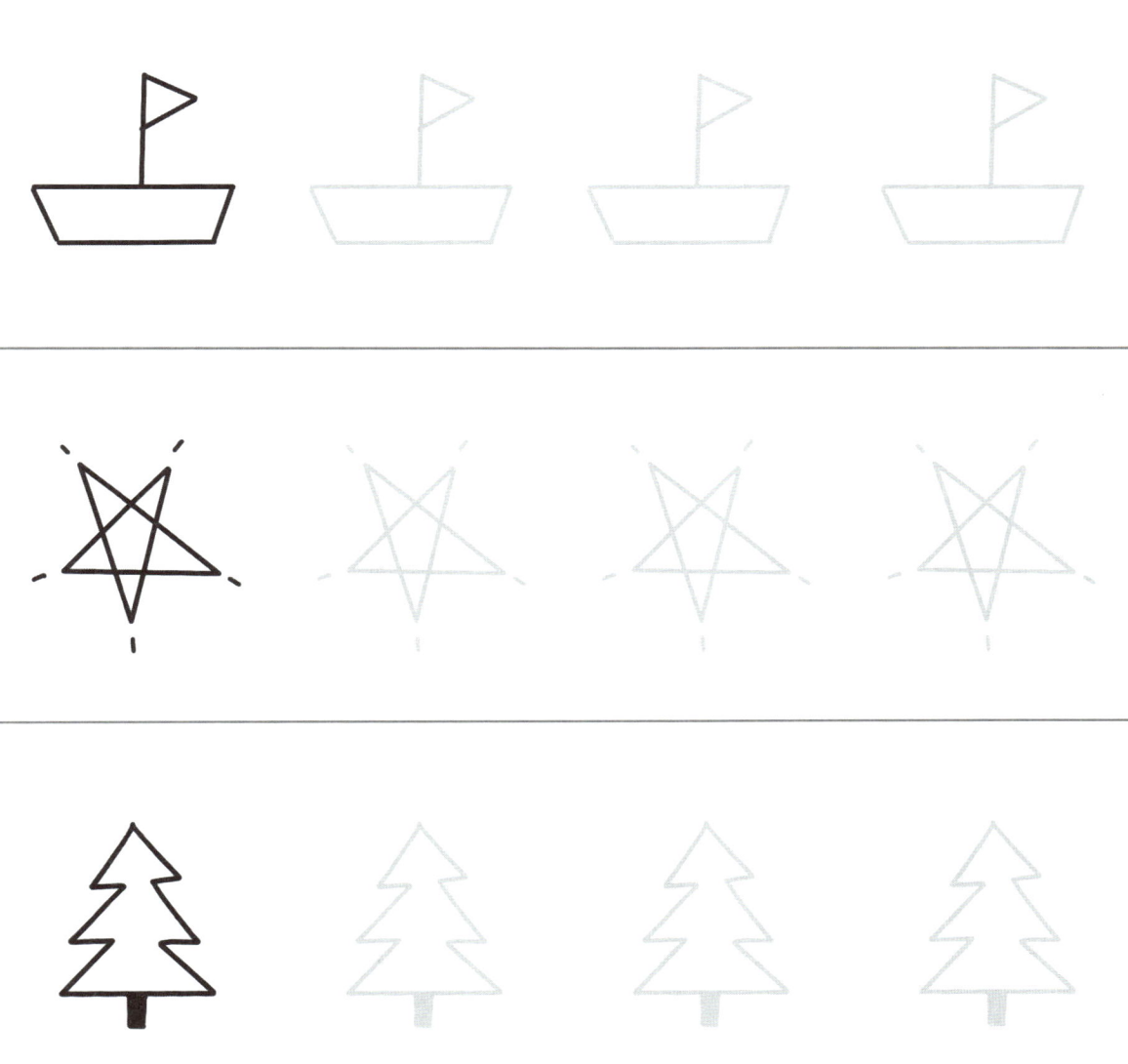

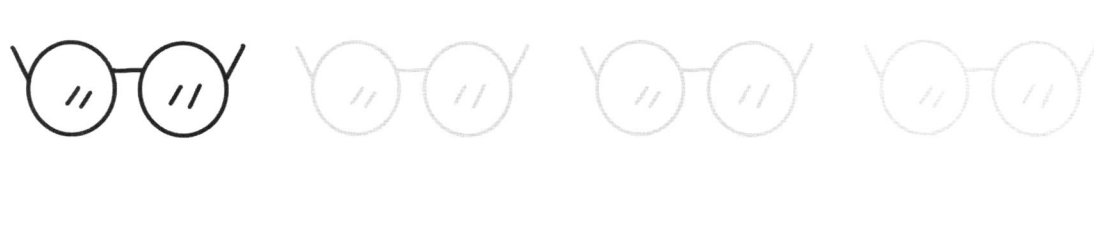

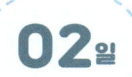

02일 자음 쓰기

한글 자음은 기본 자음 14개와 똑같은 자음이 2개씩 붙어 있는 쌍자음 5개로 총 19개가 있어요. 선과 선이 만나는 부분에 신경을 쓰면서 바르게 글씨를 써 보아요.

기본 자음 쓰기

ㄱ

기역

ㄱ	ㄱ	ㄱ	ㄱ	ㄱ	ㄱ

ㄴ

니은

ㄴ	ㄴ	ㄴ	ㄴ	ㄴ	ㄴ

ㄷ

디귿

ㄷ	ㄷ	ㄷ	ㄷ	ㄷ	ㄷ

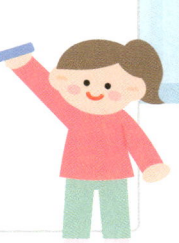

ㄹ 리을

ㅁ 미음

ㅂ 비읍

ㅅ 시옷

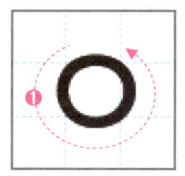
이응

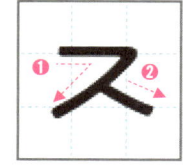
지읒

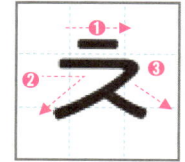
치읓

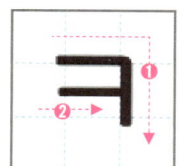
키읔

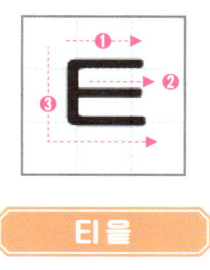

티읕

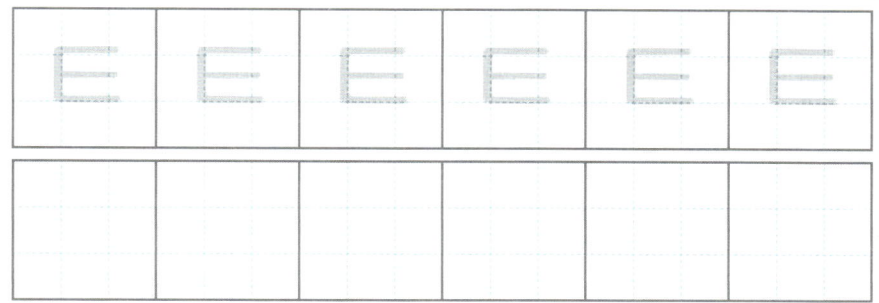

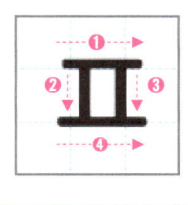

피읖

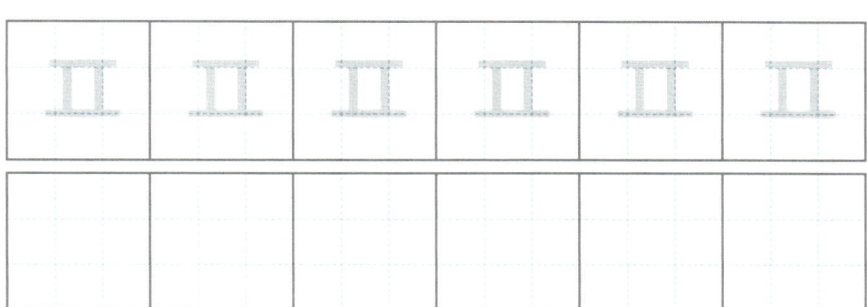

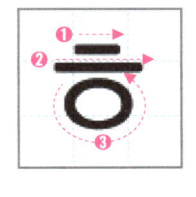

히읗

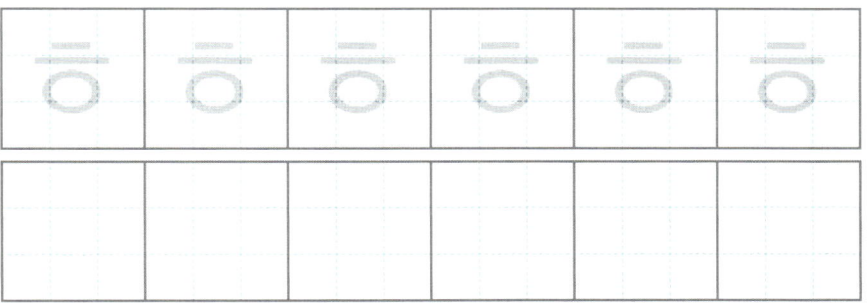

쌍자음 쓰기

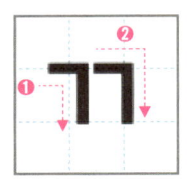
쌍기역
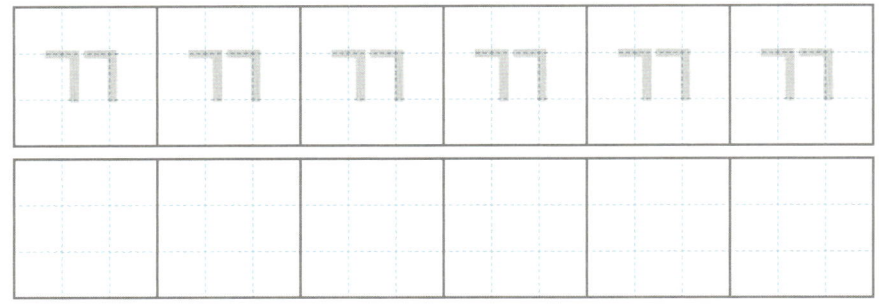

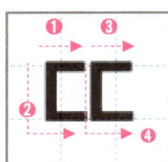
쌍디귿
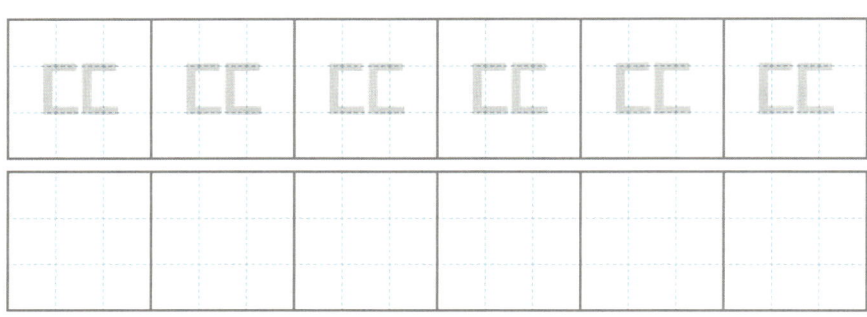

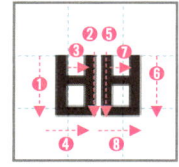
쌍비읍
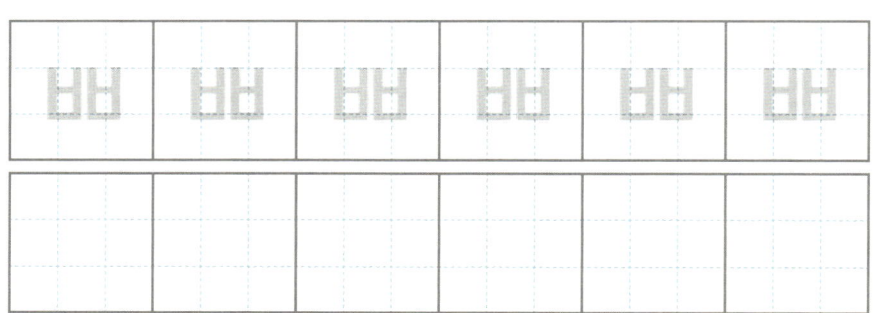

쌍시옷
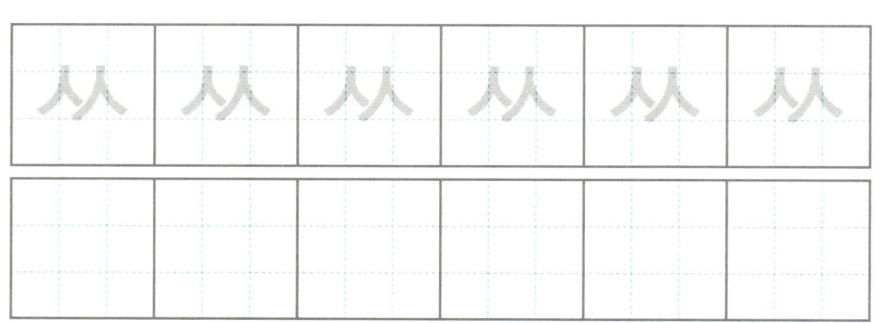

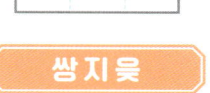 쌍지읒

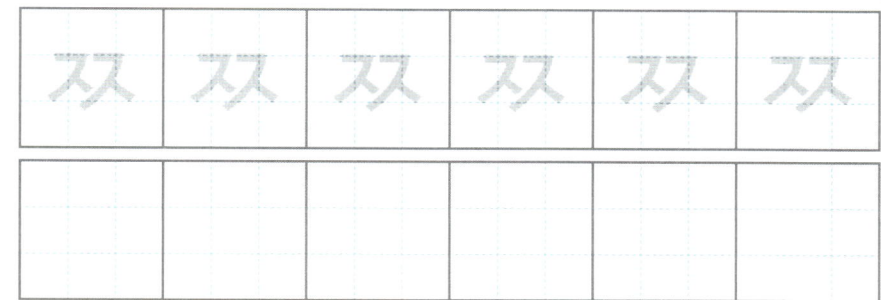

03일 모음 쓰기

한글 모음은 기본 모음(단모음) 10개와 단모음 2개가 합쳐진 이중 모음 11개로 총 21개가 있어요. 위에서 아래로, 왼쪽에서 오른쪽으로 쓰는 순서를 기억하세요.

🌸 기본 모음 쓰기

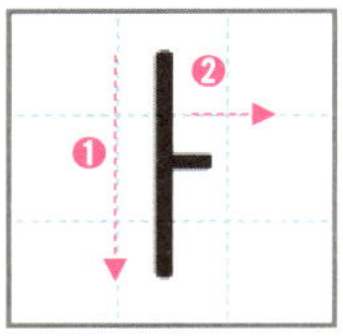

아

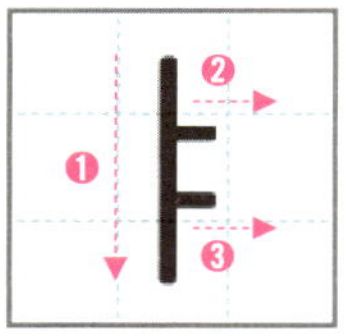

야

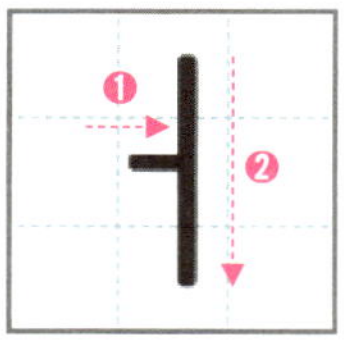

어

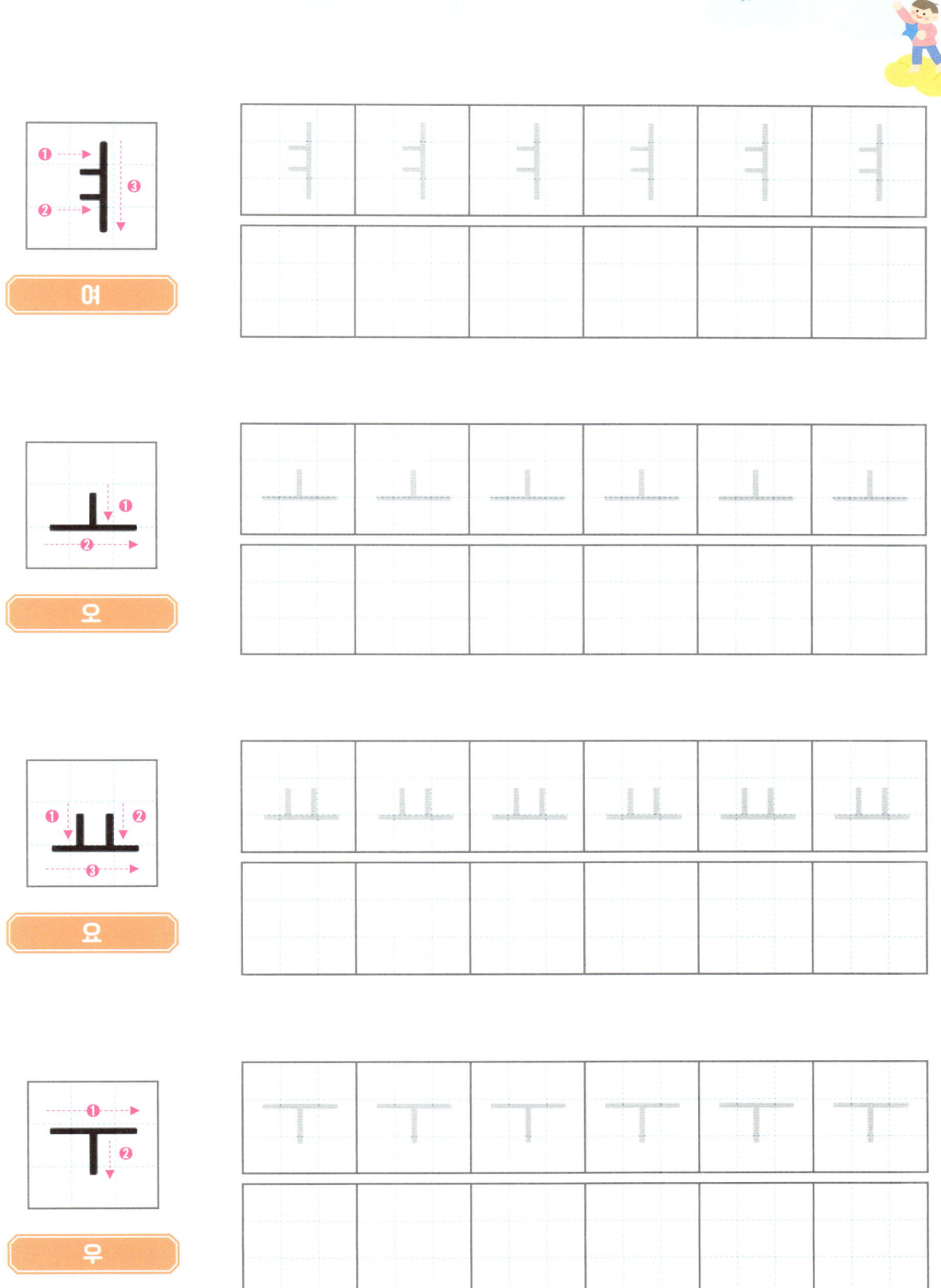

유

으

이

🌸 이중 모음 쓰기

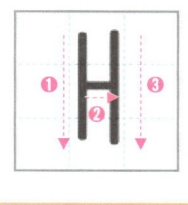
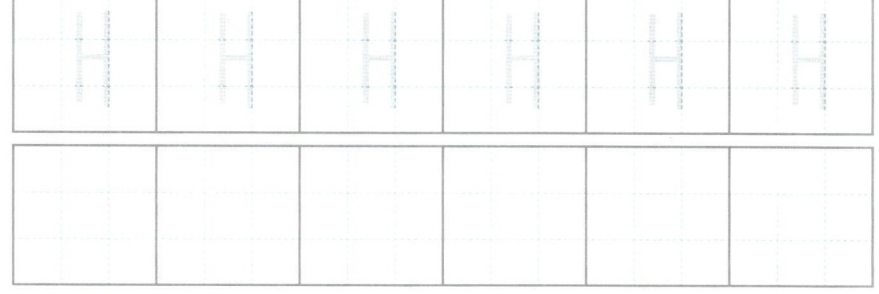

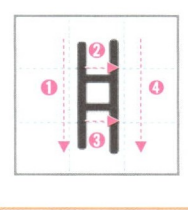
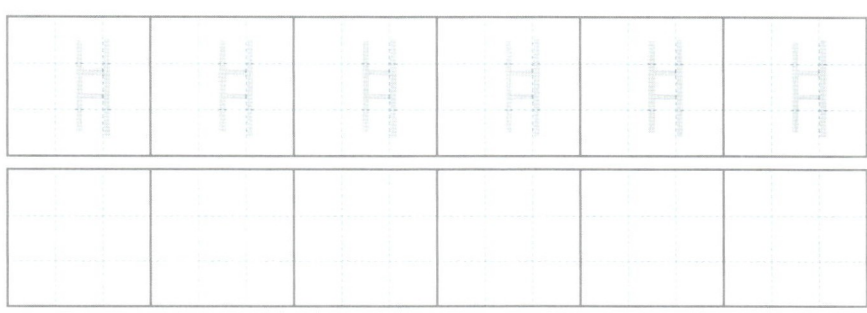

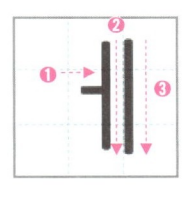

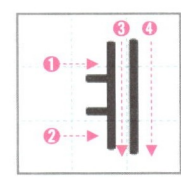

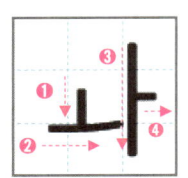
와

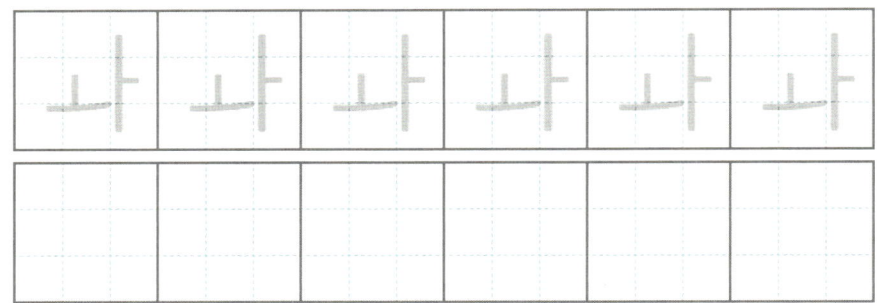

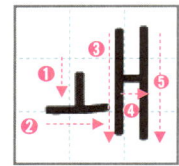
왜

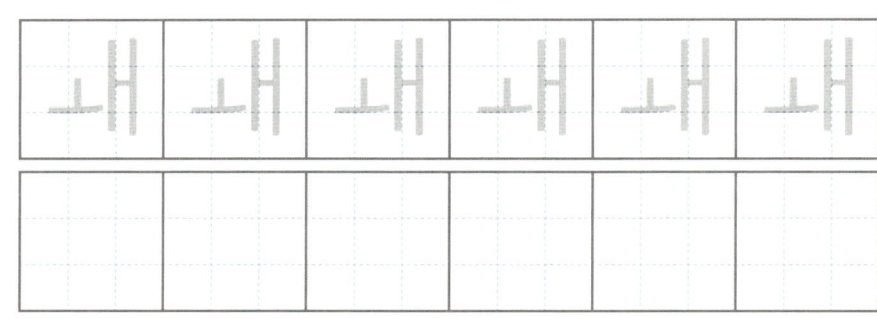

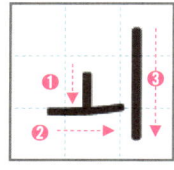
외

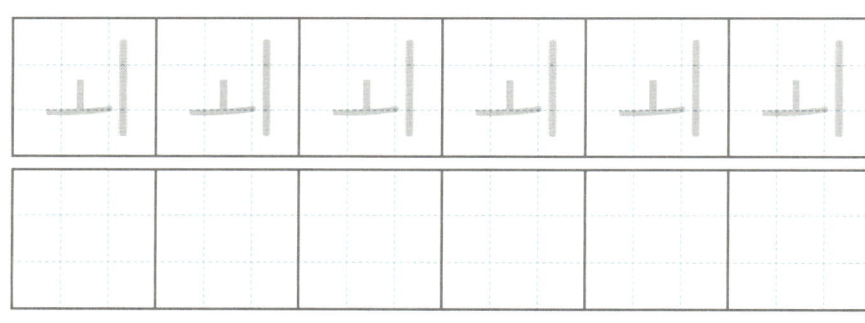

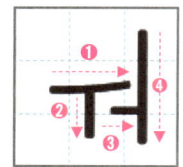
워

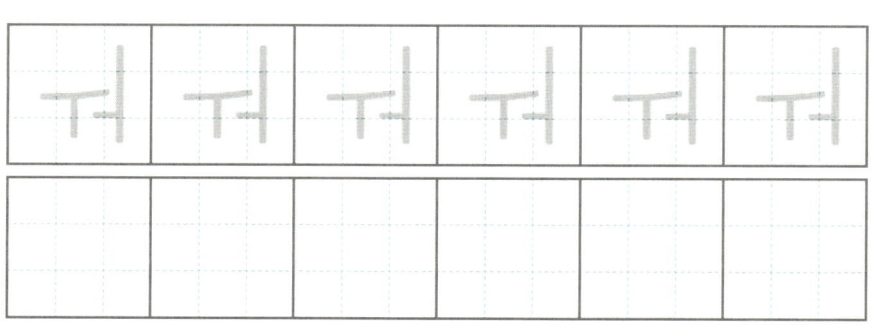

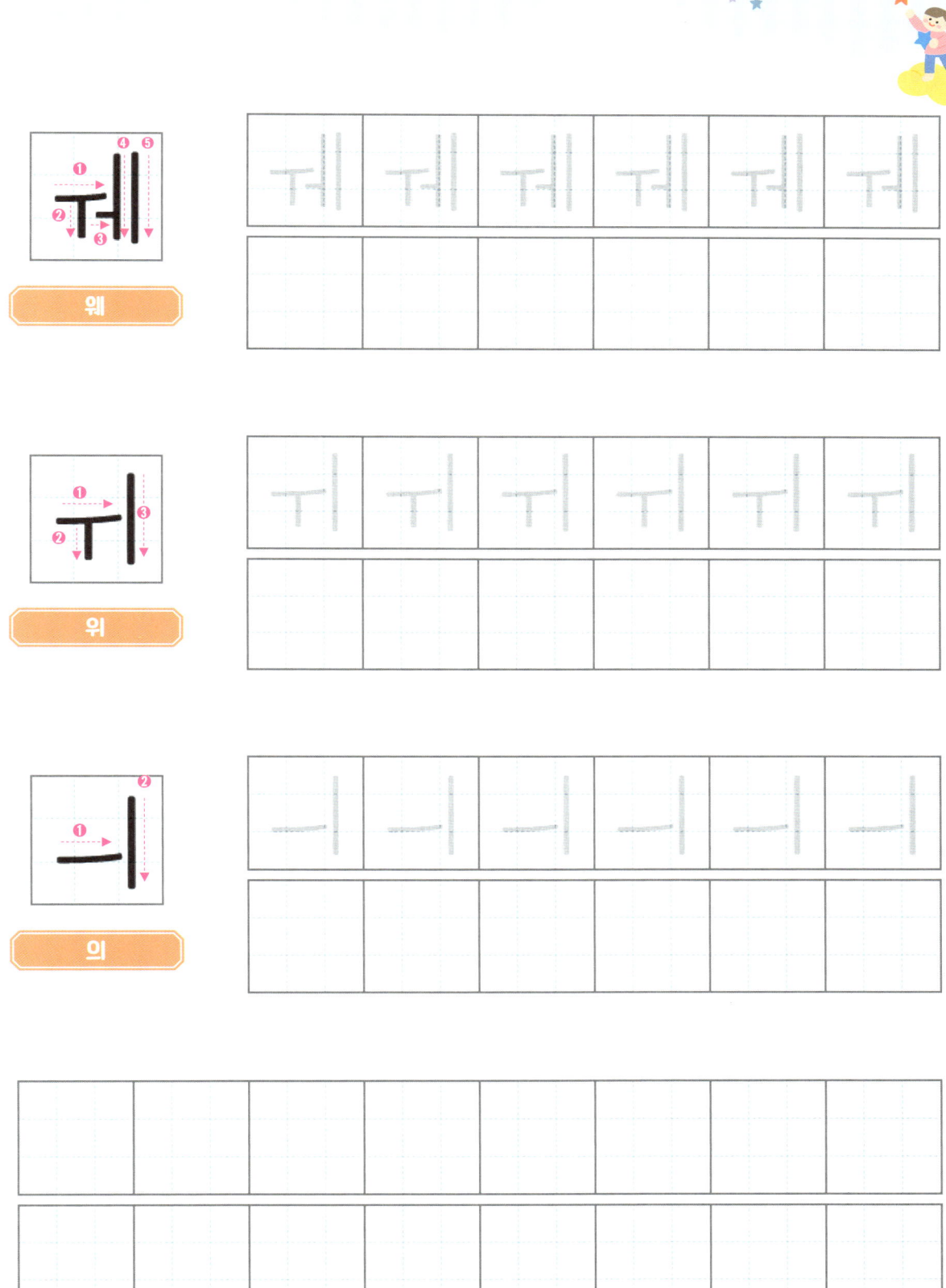

04일 한 글자, 받침 글자 쓰기

자음과 모음을 합쳐서 글자를 써 볼게요. 자음과 모음의 반듯한 모양과 균형이 중요해요. 가로획과 세로획이 만나는 부분에서 선이 벗어나지 않도록 주의하세요.

🌸 **한 글자 쓰기**

가	가	가	가	가	가	가

늬	늬	늬	늬	늬	늬	늬

대	대	대	대	대	대	대

커	커	커	커	커	커	커

혀	혀	혀	혀	혀	혀	혀

재	재	재	재	재	재	재

뫼	뫼	뫼	뫼	뫼	뫼	뫼

| 유 | 유 | 유 | 유 | 유 | 유 | 유 |

| 께 | 께 | 께 | 께 | 께 | 께 | 께 |

| 찌 | 찌 | 찌 | 찌 | 찌 | 찌 | 찌 |

| 랴 | 랴 | 랴 | 랴 | 랴 | 랴 | 랴 |

튀	튀	튀	튀	튀	튀	튀

쏴	쏴	쏴	쏴	쏴	쏴	쏴

🌸 **홑받침 글자**

톱	톱	톱	톱	톱	톱	톱

숯	숯	숯	숯	숯	숯	숯

| 늪 | 늪 | 늪 | 늪 | 늪 | 늪 | 늪 |

| 억 | 억 | 억 | 억 | 억 | 억 | 억 |

| 훨 | 훨 | 훨 | 훨 | 훨 | 훨 | 훨 |

| 잿 | 잿 | 잿 | 잿 | 잿 | 잿 | 잿 |

앝	앝	앝	앝	앝	앝	앝

낳	낳	낳	낳	낳	낳	낳

쪽	쪽	쪽	쪽	쪽	쪽	쪽

딴	딴	딴	딴	딴	딴	딴

냥 냥 냥 냥 냥 냥 냥

웬 웬 웬 웬 웬 웬 웬

꿀 꿀 꿀 꿀 꿀 꿀 꿀

폭 폭 폭 폭 폭 폭 폭

🌸 **겹받침 글자**

| 었 | 었 | 었 | 었 | 었 | 었 | 었 |

| 밟 | 밟 | 밟 | 밟 | 밟 | 밟 | 밟 |

| 샀 | 샀 | 샀 | 샀 | 샀 | 샀 | 샀 |

| 읽 | 읽 | 읽 | 읽 | 읽 | 읽 | 읽 |

옳	옳	옳	옳	옳	옳	옳

묶	묶	묶	묶	묶	묶	묶

젊	젊	젊	젊	젊	젊	젊

흙	흙	흙	흙	흙	흙	흙

볶	볶	볶	볶	볶	볶	볶

넓	넓	넓	넓	넓	넓	넓

슭	슭	슭	슭	슭	슭	슭

값	값	값	값	값	값	값

이렇게 공부해요

한글의 기본적인 자음과 모음을 연습하고 난 뒤 우리 친구들의 글씨가 많이 달라졌나요? 지금까지 써 왔던 글씨가 짧은 연습만으로 빠르게 바뀌는 것은 아니에요.
무조건 책상에 앉게 하거나 어휘를 억지로 공부하게 하면 아이의 마음과 함께 부모의 마음도 다치게 됩니다. 글씨에는 마음이 담긴다는 말을 잊지 마시고 앞으로의 가능성과 잠재력이 무궁무진한 우리 아이의 글씨 쓰기를 응원해 주세요.

2장

바른 글씨를 쓰면서 어휘력도 길러요

05일 두 글자 쓰기

오늘부터는 두 글자로 된 단어를 써 볼게요. 단어를 쓸 때는 글자의 간격을 생각해야 해요.
너무 붙거나 떨어지지 않게 적당한 간격으로 써야 글자가 아름다워져요.

거	위	거	위	거	위	거	위	거	위

노	래	노	래	노	래	노	래	노	래

돼	지	돼	지	돼	지	돼	지	돼	지

루	머	루	머	루	머	루	머	루	머

| 무 | 리 | 무 | 리 | 무 | 리 | 무 | 리 | 무 | 리 |

| 무 | 늬 | 무 | 늬 | 무 | 늬 | 무 | 늬 | 무 | 늬 |

| 바 | 다 | 바 | 다 | 바 | 다 | 바 | 다 | 바 | 다 |

| 세 | 계 | 세 | 계 | 세 | 계 | 세 | 계 | 세 | 계 |

| 의 | 리 | 의 | 리 | 의 | 리 | 의 | 리 | 의 | 리 |

자	유	자	유	자	유	자	유	자	유

취	미	취	미	취	미	취	미	취	미

차	이	차	이	차	이	차	이	차	이

크	기	크	기	크	기	크	기	크	기

투	표	투	표	투	표	투	표	투	표

피	부	피	부	피	부	피	부	피	부

화	해	화	해	화	해	화	해	화	해

꼬	리	꼬	리	꼬	리	꼬	리	꼬	리

떼	다	떼	다	떼	다	떼	다	떼	다

쓰	다	쓰	다	쓰	다	쓰	다	쓰	다

06일 받침 글자 쓰기

받침이 있는 글자는 미리 받침을 쓸 수 있는 공간을 만들어 주세요. 받아쓰기에서 헷갈리는 단어를 여러 번 써 보면서 글자의 모양을 익힐 수 있고 자신감도 생겨요.

계절 계절 계절 계절 계절

높이 높이 높이 높이 높이

답사 답사 답사 답사 답사

라면 라면 라면 라면 라면

믿	음	믿	음	믿	음	믿	음	믿	음

버	릇	버	릇	버	릇	버	릇	버	릇

수	단	수	단	수	단	수	단	수	단

이	름	이	름	이	름	이	름	이	름

젖	니	젖	니	젖	니	젖	니	젖	니

추	석	추	석	추	석	추	석	추	석

쾌	청	쾌	청	쾌	청	쾌	청	쾌	청

토	론	토	론	토	론	토	론	토	론

폭	포	폭	포	폭	포	폭	포	폭	포

화	분	화	분	화	분	화	분	화	분

꼭	지	꼭	지	꼭	지	꼭	지	꼭	지

쏜	살	쏜	살	쏜	살	쏜	살	쏜	살

찜	통	찜	통	찜	통	찜	통	찜	통

뺄	셈	뺄	셈	뺄	셈	뺄	셈	뺄	셈

싸	움	싸	움	싸	움	싸	움	싸	움

07일 세 글자 쓰기

오늘은 세 글자 단어를 쓸 거예요. 자음과 모음을 균형 있게 써야 예쁜 글씨가 될 수 있어요.
글자 높이를 맞추면서 가지런히 쓸 수 있도록 연습해 봐요.

그 림 자 그 림 자 그 림 자

나 트 륨 나 트 륨 나 트 륨

도 라 지 도 라 지 도 라 지

라 일 락 라 일 락 라 일 락

| 며 | 느 | 리 | 며 | 느 | 리 | 며 | 느 | 리 |

| 바 | 가 | 지 | 바 | 가 | 지 | 바 | 가 | 지 |

| 솥 | 뚜 | 껑 | 솥 | 뚜 | 껑 | 솥 | 뚜 | 껑 |

| 새 | 벽 | 녘 | 새 | 벽 | 녘 | 새 | 벽 | 녘 |

| 자 | 신 | 감 | 자 | 신 | 감 | 자 | 신 | 감 |

차이점 차이점 차이점

카센터 카센터 카센터

테두리 테두리 테두리

파뿌리 파뿌리 파뿌리

해돋이 해돋이 해돋이

| 얼 | 룩 | 말 | 얼 | 룩 | 말 | 얼 | 룩 | 말 | |

| 코 | 뿔 | 소 | 코 | 뿔 | 소 | 코 | 뿔 | 소 | |

| 구 | 급 | 차 | 구 | 급 | 차 | 구 | 급 | 차 | |

| 뜨 | 개 | 질 | 뜨 | 개 | 질 | 뜨 | 개 | 질 | |

| 꾀 | 꼬 | 리 | 꾀 | 꼬 | 리 | 꾀 | 꼬 | 리 | |

 겹받침 글자 쓰기

글씨를 쓰는 순서 잊지 않았죠? 위에서 아래로, 가로에서 세로로, 왼쪽에서 오른쪽으로! 이것만 기억하고 단어를 쓴다면 겹받침이 나와도 문제없어요.

| 값 | 어 | 치 | 값 | 어 | 치 | 값 | 어 | 치 |

| 기 | 슭 | 기 | 슭 | 기 | 슭 | 기 | 슭 | 기 | 슭 |

| 낚 | 시 | 낚 | 시 | 낚 | 시 | 낚 | 시 | 낚 | 시 |

| 넓 | 적 | 다 | 리 | 넓 | 적 | 다 | 리 |

| 넋 | 두 | 리 | 넋 | 두 | 리 | 넋 | 두 | 리 | |

| 닭 | 고 | 기 | 닭 | 고 | 기 | 닭 | 고 | 기 | |

| 묶 | 음 | 묶 | 음 | 묶 | 음 | 묶 | 음 | 묶 | 음 |

| 밝 | 기 | 밝 | 기 | 밝 | 기 | 밝 | 기 | 밝 | 기 |

| 붉 | 은 | 빛 | 붉 | 은 | 빛 | 붉 | 은 | 빛 | |

| 손 | 톱 | 깎 | 이 | 손 | 톱 | 깎 | 이 | | |

| 젊 | 은 | 이 | 젊 | 은 | 이 | 젊 | 은 | 이 | |

| 찰 | 흙 | 찰 | 흙 | 찰 | 흙 | 찰 | 흙 | 찰 | 흙 |

| 품 | 삯 | 품 | 삯 | 품 | 삯 | 품 | 삯 | 품 | 삯 |

| 흙 | 탕 | 물 | 흙 | 탕 | 물 | 흙 | 탕 | 물 | |

까	닭	까	닭	까	닭	까	닭	까	닭

떡	볶	이	떡	볶	이	떡	볶	이	

싫	증	싫	증	싫	증	싫	증	싫	증

있	다	가	있	다	가	있	다	가	

앉	히	다	앉	히	다	앉	히	다	

09일 비슷한 두 글자 쓰기

교과서에 나오는 어휘를 쓰면서 자신감을 쌓고 문해력을 탄탄하게 만들어요. 짧은 문장도 써 보면서 표현력도 함께 높여 보세요.

🌱 오늘의 단어

가 다
한곳에서 다른 곳으로 장소를 이동하다.

| 산에 가다. | 학교에 가다. |

기 다
가슴과 배를 바닥에 대고 앞으로 나아가다.

| 뱀이 기다. | 바닥을 기다. |

메 다
물건을 어깨에 걸치거나 올려놓다.

| 어깨에 메다. | 가방을 메다. |

매 다
두 끝이 풀리지 않게 잡아서 묶다.

| 끈을 매다. | 밧줄을 매다. |

차 다
발로 내어 지르거나 받아 올리다.

| 공을 차다. | 깡통을 차다. |

치 다
손이나 손에 든 물건으로 세게 부딪게 하다.

| 북을 치다. | 손뼉을 치다. |

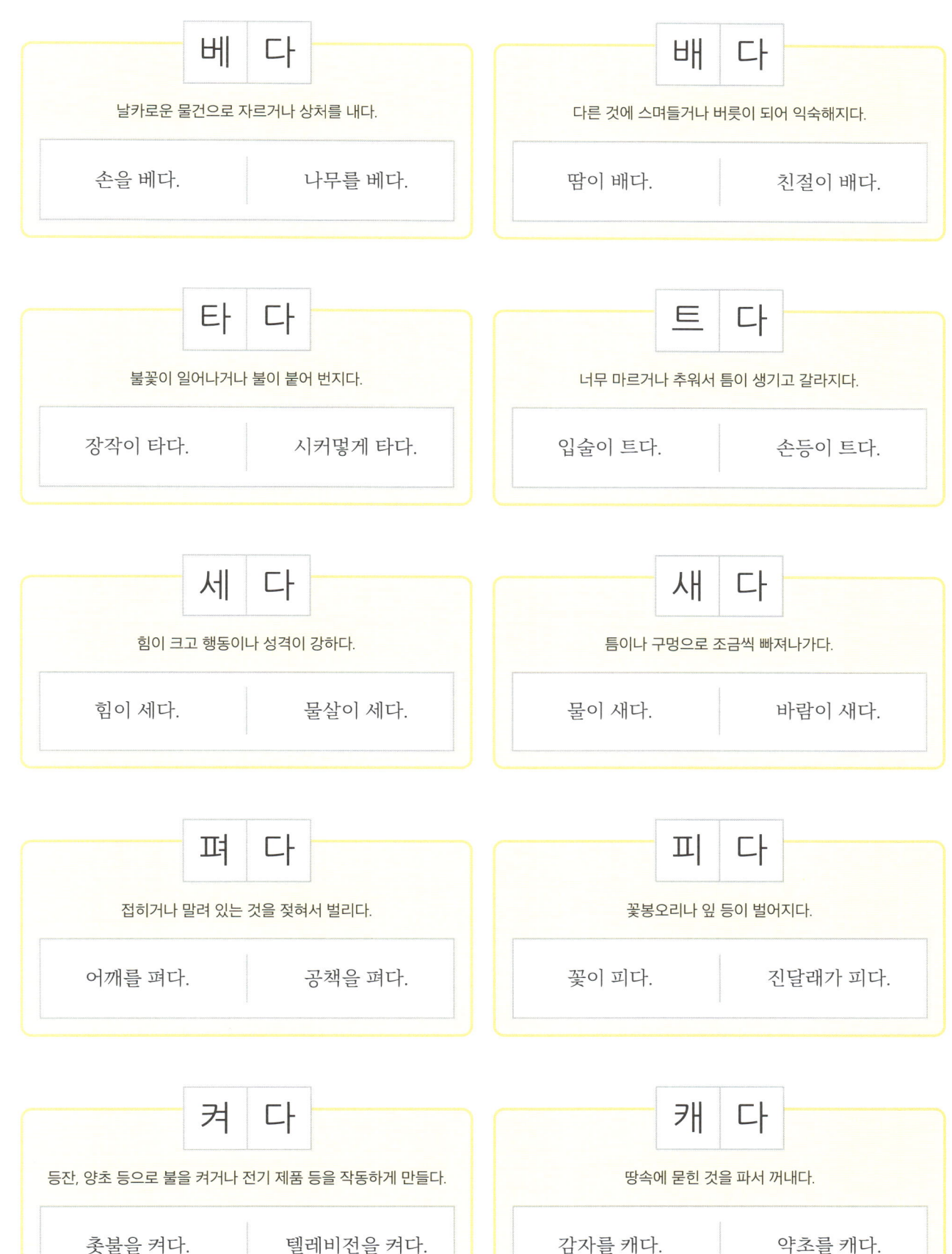

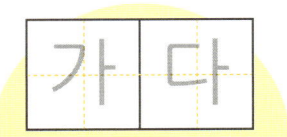

가다
한곳에서 다른 곳으로 장소를 이동하다.

가	다	가	다	가	다	가	다	가	다
산	에		가	다	.				
학	교	에		가	다	.			

기다
가슴과 배를 바닥에 대고 앞으로 나아가다.

기	다	기	다	기	다	기	다	기	다
뱀	이		기	다	.				
바	닥	을		기	다	.			

| 메 | 다 |

★ 메다
물건을 어깨에 걸치거나 올려놓다.

메다 메다 메다 메다 메다

어깨에 메다.

가방을 메다.

| 매 | 다 |

★ 매다
두 끝이 풀리지 않게 잡아서 묶다.

매다 매다 매다 매다 매다

끈을 매다.

밧줄을 매다.

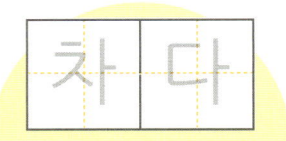

★ 차다
발로 내어 지르거나 받아 올리다.

| 차 | 다 | 차 | 다 | 차 | 다 | 차 | 다 | 차 | 다 |

| 공 | 을 | | 차 | 다 | . | | | | |

| | | | | | | | | | |

| 깡 | 통 | 을 | | 차 | 다 | . | | | |

| | | | | | | | | | |

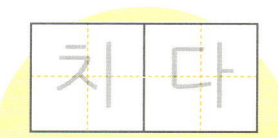

★ 치다
손이나 손에 든 물건으로 세게 부딪게 하다.

| 치 | 다 | 치 | 다 | 치 | 다 | 치 | 다 | 치 | 다 |

| 북 | 을 | | 치 | 다 | . | | | | |

| | | | | | | | | | |

| 손 | 뼉 | 을 | | 치 | 다 | . | | | |

| | | | | | | | | | |

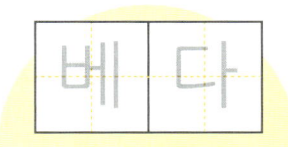

★ 베다
날카로운 물건으로 자르거나 상처를 내다.

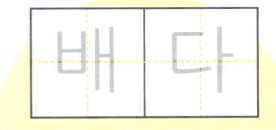

★ 배다
다른 것에 스며들거나 버릇이 되어 익숙해지다.

| 타 | 다 |

* 타다
불꽃이 일어나거나 불이 붙어 번지다.

타 다 타 다 타 다 타 다 타 다

장작이 타다.

시커멓게 타다.

| 트 | 다 |

* 트다
너무 마르거나 추워서 틈이 생기고 갈라지다.

트 다 트 다 트 다 트 다 트 다

입술이 트다.

손등이 트다.

| 세 | 다 |

★ 세다
힘이 크고 행동이나 성격이 강하다.

| 세 | 다 | 세 | 다 | 세 | 다 | 세 | 다 | 세 | 다 |

| 힘 | 이 | | 세 | 다 | . | | | | |

| 물 | 살 | 이 | | 세 | 다 | . | | | |

| 새 | 다 |

★ 새다
틈이나 구멍으로 조금씩 빠져나가다.

| 새 | 다 | 새 | 다 | 새 | 다 | 새 | 다 | 새 | 다 |

| 물 | 이 | | 새 | 다 | . | | | | |

| 바 | 람 | 이 | | 새 | 다 | . | | | |

| 펴 | 다 |

★ 펴다
접히거나 말려 있는 것을 젖혀서 벌리다.

펴 다 펴 다 펴 다 펴 다 펴 다

어 깨 를 　 펴 다 .

공 책 을 　 펴 다 .

| 피 | 다 |

★ 피다
꽃봉오리나 잎 등이 벌어지다.

피 다 피 다 피 다 피 다 피 다

꽃 이 　 피 다 .

진 달 래 가 　 피 다 .

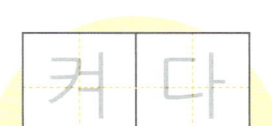

★ 켜다
등잔, 양초 등으로 불을 일으키거나 전기 제품 등을 작동하게 만들다.

켜	다	켜	다	켜	다	켜	다	켜	다
촛	불	을		켜	다	.			
텔	레	비	전	을		켜	다	.	

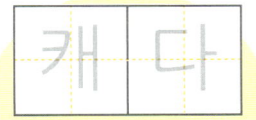

★ 캐다
땅속에 묻힌 것을 파서 꺼내다.

캐	다	캐	다	캐	다	캐	다	캐	다
감	자	를		캐	다	.			
약	초	를		캐	다	.			

10일 소리가 비슷한 글자 쓰기

실생활에서 많이 사용하는 어휘를 읽고 반듯한 글자로 써 보세요. 소리가 비슷한 두 단어를 비교하며 공부하면 글을 읽고 쓰는 데 도움이 돼요.

🌼 오늘의 단어

갖 다
무엇을 손에 쥐거나 몸에 지니다.
책을 갖다. | 화분을 갖다.

같 다
서로 다르지 않고 비슷하다.
키가 같다. | 취미가 같다.

낫 다
병이나 상처 등이 없어져 본래대로 되다.
병이 낫다. | 상처가 낫다.

낳 다
배 속의 아이, 새끼, 알을 몸 밖으로 내보내다.
알을 낳다. | 아이를 낳다.

짓 다
재료를 가지고 밥, 옷, 집, 글 등을 만들다.
집을 짓다. | 동시를 짓다.

짖 다
개가 크게 소리를 내다.
개가 짖다. | 시끄럽게 짖다.

곧다	곱다
길, 선, 자세 등이 휘지 않고 똑바르다.	모양이나 생김새가 아름답다.
길이 곧다. / 자세가 곧다.	색깔이 곱다. / 마음씨가 곱다.

녹다	높다
얼음이나 눈이 열을 받아서 물이 되다.	아래에서 위까지의 벌어진 사이가 크다.
얼음이 녹다. / 아이스크림이 녹다.	산이 높다. / 건물이 높다.

덥다	덮다
몸으로 느끼기에 기온이 따뜻하다.	무엇이 드러나거나 보이지 않도록 다른 것을 얹어서 씌우다.
몸이 덥다. / 거실이 덥다.	흙을 덮다. / 이불을 덮다.

갈다	감다
이미 있던 물건을 치우고 그 자리에 다른 것을 대신 놓다.	눈꺼풀로 눈을 덮다.
부품을 갈다. / 기저귀를 갈다.	눈을 감다. / 살포시 감다.

잇다	잊다
두 끝을 붙여서 하나로 만들거나 물건 등을 맞대어 붙이다.	한번 알았던 것을 기억하지 못하거나 기억해 내지 못하다.
실을 잇다. / 다리를 잇다.	약속을 잊다. / 비밀번호를 잊다.

갖다

★ 갖다
무엇을 손에 쥐거나 몸에 지니다.

갖다 갖다 갖다 갖다 갖다

책을 갖다.

화분을 갖다.

같다

★ 같다
서로 다르지 않고 비슷하다.

같다 같다 같다 같다 같다

키가 같다.

취미가 같다.

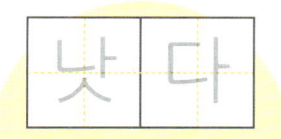

★ 낫다
병이나 상처 등이 없어져 본래대로 되다.

낫 다 낫 다 낫 다 낫 다 낫 다

병 이   낫 다 .

상 처 가   낫 다 .

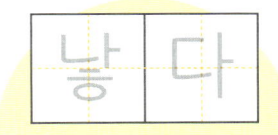

★ 낳다
배 속의 아이, 새끼, 알을 몸 밖으로 내보내다.

낳 다 낳 다 낳 다 낳 다 낳 다

알 을   낳 다 .

아 이 를   낳 다 .

| 짓 | 다 |

짓다 짓다 짓다 짓다 짓다

★ 짓다
재료를 가지고 밥, 옷, 집, 글 등을 만들다.

집을 짓다.

동시를 짓다.

| 짖 | 다 |

짖다 짖다 짖다 짖다 짖다

★ 짖다
개가 크게 소리를 내다.

개가 짖다.

시끄럽게 짖다.

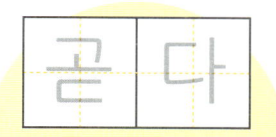

★ 곧다
길, 선, 자세 등이 휘지 않고 똑바르다.

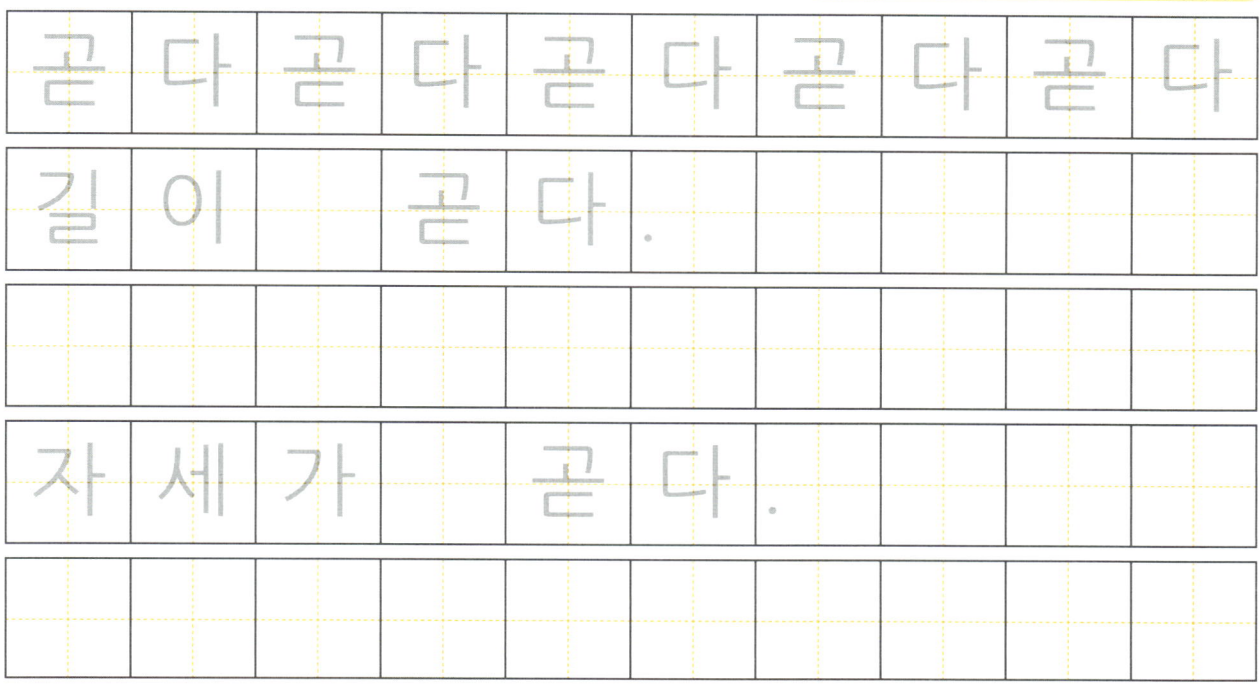

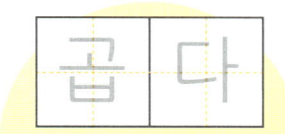

★ 곱다
모양이나 생김새가 아름답다.

녹다
얼음이나 눈이 열을 받아서 물이 되다.

녹다 녹다 녹다 녹다 녹다

얼음이 녹다.

아이스크림이 녹다.

높다
아래에서 위까지의 벌어진 사이가 크다.

높다 높다 높다 높다 높다

산이 높다.

건물이 높다.

갈다

★ 갈다
이미 있던 물건을 치우고 그 자리에 다른 것을 대신 놓다.

| 갈 | 다 | 갈 | 다 | 갈 | 다 | 갈 | 다 | 갈 | 다 |

| 부 | 품 | 을 | | 갈 | 다 | . | | | |

| 기 | 저 | 귀 | 를 | | 갈 | 다 | . | | |

감다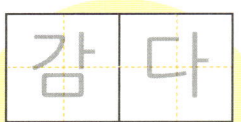

★ 감다
눈꺼풀로 눈을 덮다.

| 감 | 다 | 감 | 다 | 감 | 다 | 감 | 다 | 감 | 다 |

| 눈 | 을 | | 감 | 다 | . | | | | |

| 살 | 포 | 시 | | 감 | 다 | . | | | |

* 잇다
두 끝을 붙여서 하나로 만들거나 물건 등을 맞대어 붙이다.

| 잇 | 다 | 잇 | 다 | 잇 | 다 | 잇 | 다 | 잇 | 다 |

| 실 | 을 | | 잇 | 다 | . | | | | |

| 다 | 리 | 를 | | 잇 | 다 | . | | | |

* 잊다
한번 알았던 것을 기억하지 못하거나 기억해 내지 못하다.

| 잊 | 다 | 잊 | 다 | 잊 | 다 | 잊 | 다 | 잊 | 다 |

| 약 | 속 | 을 | | 잊 | 다 | . | | | |

| 비 | 밀 | 번 | 호 | 를 | | 잊 | 다 | . | |

11일 모양새가 비슷한 글자 쓰기

모양이 비슷해 헷갈리기 쉬운 어휘를 함께 써 보세요. 받침의 크기를 보고 글자 모양새를 생각하며 글자의 높이와 크기가 일정해지도록 연습해 보세요.

🌱 오늘의 단어

끊 다
실, 줄, 끈 등의 이어진 것을 잘라 따로 떨어지게 하다.
| 줄을 끊다. | 사슬을 끊다. |

끓 다
액체가 몹시 뜨거워져서 거품이 솟아오르다.
| 물이 끓다. | 김치찌개가 끓다. |

밝 다
어둠이 없어지고 환하게 되다.
| 방이 밝다. | 바깥이 밝다. |

밟 다
어떤 대상 위에 발을 올려놓고 누르다.
| 땅을 밟다. | 페달을 밟다. |

안 다
두 팔을 벌려 가슴 쪽으로 끌어당기거나 품 안에 있게 하다.
| 친구를 안다. | 고양이를 안다. |

앉 다
엉덩이를 바닥, 의자 등에 올려놓다.
| 바닥에 앉다. | 의자에 앉다. |

084

삼다
무엇을 무엇이 되게 하거나 여기다.

| 친구로 삼다. | 기회로 삼다. |

삶다
물에 넣고 끓이다.

| 옷을 삶다. | 달걀을 삶다. |

섞다
두 가지 이상의 것을 하나로 합치다.

| 양념을 섞다. | 재료를 섞다. |

솎다
촘촘히 있는 것이 드문드문하게 되도록 군데군데 골라 뽑다.

| 잡초를 솎다. | 머리숱을 솎다. |

깎다
칼과 같은 도구로 물건의 표면이나 과일 등의 껍질을 얇게 벗겨 내다.

| 연필을 깎다. | 껍질을 깎다. |

꺾다
물체를 구부려 펴지지 않게 하거나 부러뜨리다.

| 꽃을 꺾다. | 나뭇가지를 꺾다. |

따다
달려 있거나 붙어 있는 것을 잡아서 뜯거나 떼다.

| 별을 따다. | 열매를 따다. |

땋다
머리카락이나 실을 둘 이상의 가닥으로 갈라서 한 가닥으로 엮다.

| 실을 땋다. | 머리를 땋다. |

좇다
남의 말이나 뜻을 따르다.

| 행복을 좇다. | 의견을 좇다. |

쫓다
떠나도록 몰아내다.

| 도둑을 쫓다. | 모기를 쫓다. |

| 끊 | 다 |

★ 끊다
실, 줄, 끈 등의 이어진 것을 잘라 따로 떨어지게 하다.

끊	다	끊	다	끊	다	끊	다	끊	다
줄	을		끊	다	.				
사	슬	을		끊	다	.			

| 끓 | 다 |

★ 끓다
액체가 몹시 뜨거워져서 거품이 솟아오르다.

끓	다	끓	다	끓	다	끓	다	끓	다
물	이		끓	다	.				
김	치	찌	개	가		끓	다	.	

| 밝 | 다 |

★ 밝다
어둠이 없어지고 환하게 되다.

밝다 밝다 밝다 밝다 밝다

방이 밝다.

바깥이 밝다.

| 밟 | 다 |

★ 밟다
어떤 대상 위에 발을 올려놓고 누르다.

밟다 밟다 밟다 밟다 밟다

땅을 밟다.

페달을 밟다.

| 안 | 다 |

* 안다
두 팔을 벌려 가슴 쪽으로 끌어 당기거나 품 안에 있게 하다.

| 안 | 다 | 안 | 다 | 안 | 다 | 안 | 다 | 안 | 다 |

| 친 | 구 | 를 | | 안 | 다 | . | | | |

| 고 | 양 | 이 | 를 | | 안 | 다 | . | | |

| 앉 | 다 |

* 앉다
엉덩이를 바닥, 의자 등에 올려놓다.

| 앉 | 다 | 앉 | 다 | 앉 | 다 | 앉 | 다 | 앉 | 다 |

| 바 | 닥 | 에 | | 앉 | 다 | . | | | |

| 의 | 자 | 에 | | 앉 | 다 | . | | | |

삼다

★ 삼다
무엇을 무엇이 되게 하거나 여기다.

삼다 삼다 삼다 삼다 삼다

친구로　삼다.

기회로　삼다.

삶다

★ 삶다
물에 넣고 끓이다.

삶다 삶다 삶다 삶다 삶다

옷을　삶다.

달걀을　삶다.

| 섞 | 다 |

★ 섞다
두 가지 이상의 것을 하나로 합치다.

| 섞 | 다 | 섞 | 다 | 섞 | 다 | 섞 | 다 | 섞 | 다 |

| 양 | 념 | 을 | | 섞 | 다 | . | | | |

| 재 | 료 | 를 | | 섞 | 다 | . | | | |

| 속 | 다 |

★ 솎다
촘촘히 있는 것이 드문드문하게 되도록 군데군데 골라 뽑다.

| 솎 | 다 | 솎 | 다 | 솎 | 다 | 솎 | 다 | 솎 | 다 |

| 잡 | 초 | 를 | | 솎 | 다 | . | | | |

| 머 | 리 | 숱 | 을 | | 솎 | 다 | . | | |

깎다

★ 깎다
칼과 같은 도구로 물건의 표면이나 과일 등의 껍질을 얇게 벗겨 내다.

깎다 깎다 깎다 깎다 깎다

연필을 깎다.

껍질을 깎다.

꺾다

★ 꺾다
물체를 구부려 펴지지 않게 하거나 부러뜨리다.

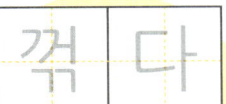

꺾다 꺾다 꺾다 꺾다 꺾다

꽃을 꺾다.

나뭇가지를 꺾다.

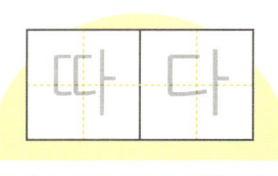

★ 따다
달려 있거나 붙어 있는 것을 잡아서 뜯거나 떼다.

따다 따다 따다 따다 따다

별을 따다.

열매를 따다.

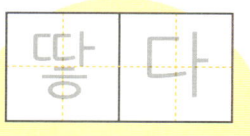

★ 땋다
머리카락이나 실을 둘 이상의 가닥으로 갈라서 한 가닥으로 엮다.

땋다 땋다 땋다 땋다 땋다

실을 땋다.

머리를 땋다.

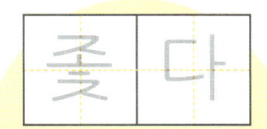

★ 좇다
남의 말이나 뜻을 따르다.

| 좇 | 다 | 좇 | 다 | 좇 | 다 | 좇 | 다 | 좇 | 다 |

| 행 | 복 | 을 | | 좇 | 다 | . | | | |

| | | | | | | | | | |

| 의 | 견 | 을 | | 좇 | 다 | . | | | |

| | | | | | | | | | |

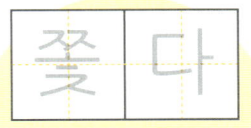

★ 쫓다
떠나도록 몰아내다.

| 쫓 | 다 | 쫓 | 다 | 쫓 | 다 | 쫓 | 다 | 쫓 | 다 |

| 도 | 둑 | 을 | | 쫓 | 다 | . | | | |

| | | | | | | | | | |

| 모 | 기 | 를 | | 쫓 | 다 | . | | | |

| | | | | | | | | | |

 헷갈리기 쉬운 글자 쓰기

글을 쓸 때에는 정확한 낱말을 써야 내가 전하고 싶은 의미를 표현할 수 있어요. 헷갈리는 어휘들은 이번 기회에 의미를 분명하게 익히면서 예쁜 글씨를 써 보세요.

🌱 오늘의 단어

빼 다
속에 들어 있거나 박혀 있는 것을 밖으로 나오게 하다.

| 물건을 빼다. | 가시를 빼다. |

삐 다
몸의 한 부분이 충격을 받아 접히거나 비틀려서 뼈마디가 어긋나다.

| 손목을 삐다. | 발목을 삐다. |

쐬 다
얼굴이나 몸에 바람이나 햇볕 등을 직접 받다.

| 바람을 쐬다. | 햇볕을 쐬다. |

꾀 다
그럴듯한 말이나 행동으로 남을 부추겨 원하는 방향으로 끌다.

| 친구를 꾀다. | 거짓말로 꾀다. |

뛰 다
발을 재빠르게 움직여 빨리 나아가다.

| 앞으로 뛰다. | 정신없이 뛰다. |

튀 다
용수철이나 공과 같은 물체가 솟아오르다.

| 공이 튀다. | 개구리가 튀다. |

희다
눈이나 우유의 빛깔처럼 밝고 선명하다.

| 옷이 희다. | 함박눈이 희다. |

휘다
곧은 것이 구부러지다. 또는 곧은 것을 구부리다.

| 볼펜이 휘다. | 막대기가 휘다. |

얕다
연못 등의 깊이가 깊지 않거나 생각, 마음이 너그럽지 못하다.

| 호수가 얕다. | 생각이 얕다. |

얇다
두께가 두껍지 않다.

| 종이가 얇다. | 팔목이 얇다. |

여의다
멀리 떠나보내거나 잃다.

| 부모를 여의다. | 교통사고로 여의다. |

여위다
살이 많이 빠져 몸이 마르고 얼굴에 핏기가 없게 되다.

| 몸이 여위다. | 얼굴이 여위다. |

되감다
원래대로 감거나 다시 감다.

| 필름을 되감다. | 태엽을 되감다. |

되찾다
잃거나 잊었던 것, 없어진 것을 다시 찾다.

| 기억을 되찾다. | 물건을 되찾다. |

해치다
사람의 마음이나 몸에 해를 입히다.

| 건강을 해치다. | 분위기를 해치다. |

헤치다
속에 든 것을 파다. 또는 방해되는 것을 물리쳐 가다.

| 풀숲을 헤치다. | 불씨를 헤치다. |

★ 빼다
속에 들어 있거나 박혀 있는 것을 밖으로 나오게 하다.

| 빼 | 다 | 빼 | 다 | 빼 | 다 | 빼 | 다 | 빼 | 다 |

| 물 | 건 | 을 | | 빼 | 다 | . | | | |

| 가 | 시 | 를 | | 빼 | 다 | . | | | |

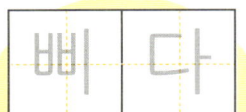

★ 삐다
몸의 한 부분이 충격을 받아 접히거나 비틀려서 뼈마디가 어긋나다.

| 삐 | 다 | 삐 | 다 | 삐 | 다 | 삐 | 다 | 삐 | 다 |

| 손 | 목 | 을 | | 삐 | 다 | . | | | |

| 발 | 목 | 을 | | 삐 | 다 | . | | | |

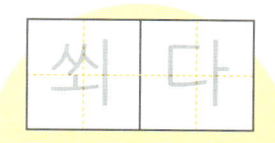

★ 쐬다
얼굴이나 몸에 바람이나 햇볕 등을 직접 받다.

| 쐬 | 다 | 쐬 | 다 | 쐬 | 다 | 쐬 | 다 | 쐬 | 다 |

| 바 | 람 | 을 | | 쐬 | 다 | . | | | |

| 햇 | 볕 | 을 | | 쐬 | 다 | . | | | |

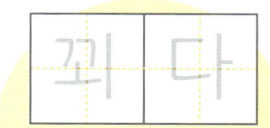

★ 꾀다
그럴듯한 말이나 행동으로 남을 부추겨 자기가 원하는 방향으로 끌다.

| 꾀 | 다 | 꾀 | 다 | 꾀 | 다 | 꾀 | 다 | 꾀 | 다 |

| 친 | 구 | 를 | | 꾀 | 다 | . | | | |

| 거 | 짓 | 말 | 로 | | 꾀 | 다 | . | | |

| 뛰 | 다 |

뛰 다 뛰 다 뛰 다 뛰 다 뛰 다

앞으로 뛰다.

정신없이 뛰다.

★ 뛰다
발을 재빠르게 움직여 빨리 나아가다.

| 튀 | 다 |

튀 다 튀 다 튀 다 튀 다 튀 다

공이 튀다.

개구리가 튀다.

★ 튀다
용수철이나 공과 같은 물체가 솟아오르다.

희 다

* 희다
눈이나 우유의 빛깔처럼 밝고 선명하다.

| 희 | 다 | 희 | 다 | 희 | 다 | 희 | 다 | 희 | 다 |

| 옷 | 이 | | 희 | 다 | . | | | | |

| 함 | 박 | 눈 | 이 | | 희 | 다 | . | | |

휘 다

* 휘다
곧은 것이 구부러지다. 또는 곧은 것을 구부리다.

| 휘 | 다 | 휘 | 다 | 휘 | 다 | 휘 | 다 | 휘 | 다 |

| 볼 | 펜 | 이 | | 휘 | 다 | . | | | |

| 막 | 대 | 기 | 가 | | 휘 | 다 | . | | |

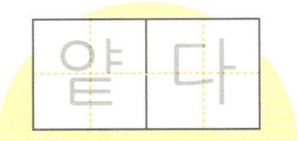

★ 얕다
연못 등의 깊이가 깊지 않거나 생각, 마음이 너그럽지 못하다.

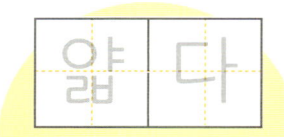

★ 얇다
두께가 두껍지 않다.

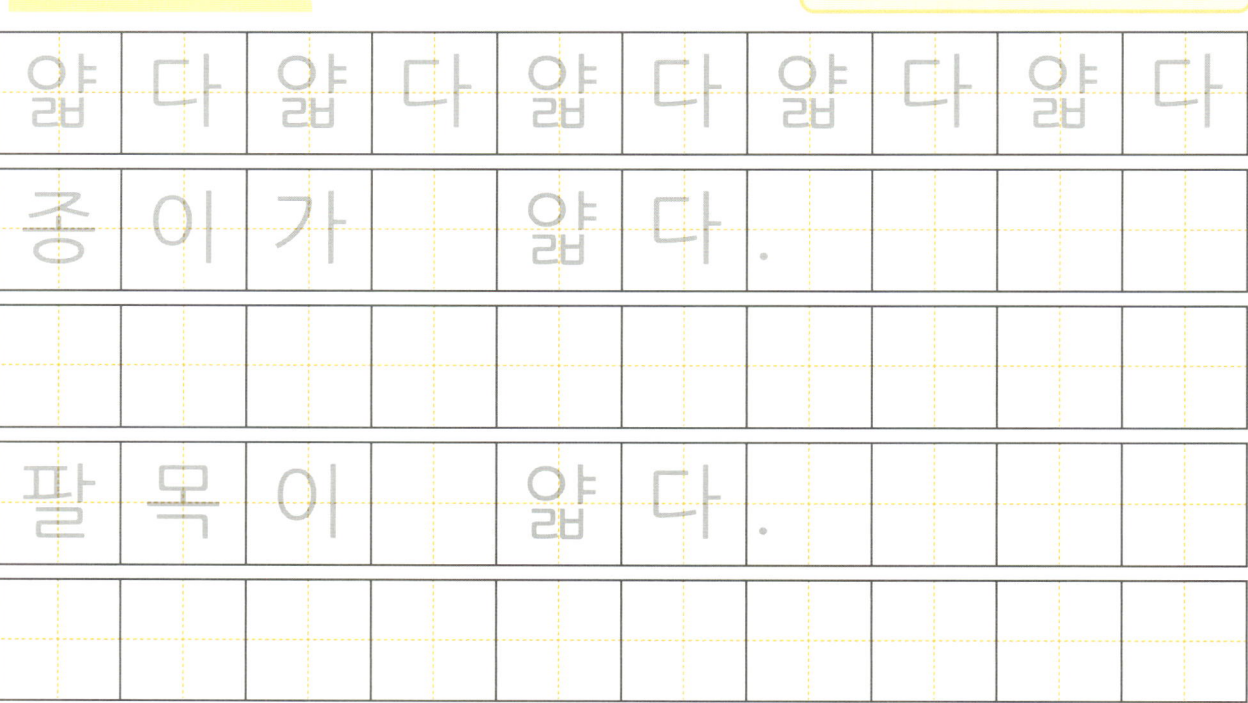

여의다
멀리 떠나보내거나 잃다.

여의다 여의다 여의다

부모를 여의다.

교통사고로 여의다.

여위다
살이 많이 빠져 몸이 마르고 얼굴에 핏기가 없게 되다.

여위다 여위다 여위다

몸이 여위다.

얼굴이 여위다.

| 되 | 감 | 다 |

★ 되감다
원래대로 감거나 다시 감다.

| 되 | 감 | 다 | 되 | 감 | 다 | 되 | 감 | 다 | | |
| 필 | 름 | 을 | | 되 | 감 | 다 | . | | | |

| 태 | 엽 | 을 | | 되 | 감 | 다 | . | | | |

| 되 | 찾 | 다 |

★ 되찾다
잃거나 잊었던 것, 없어진 것을 다시 찾다.

| 되 | 찾 | 다 | 되 | 찾 | 다 | 되 | 찾 | 다 | | |
| 기 | 억 | 을 | | 되 | 찾 | 다 | . | | | |

| 물 | 건 | 을 | | 되 | 찾 | 다 | . | | | |

| 해 | 치 | 다 |

★ 해치다
사람의 마음이나 몸에 해를 입히다.

해치다 해치다 해치다

건강을 해치다.

분위기를 해치다.

| 헤 | 치 | 다 |

★ 헤치다
속에 든 것을 파다. 또는 방해되는 것을 물리쳐 가다.

헤치다 헤치다 헤치다

풀숲을 헤치다.

불씨를 헤치다.

 13일   세 글자, 네 글자 쓰기

어휘를 많이 알수록 글을 읽고 뜻을 이해하는 '독해력'을 키울 수 있어요. 재미있게 배운 어휘는 일기나 독서 노트를 쓸 때 사용해 보세요.

🌼 오늘의 단어

누르다
위에서 아래로 힘을 주어 무게를 가하다.
- 버튼을 누르다.
- 도장을 누르다.

누리다
좋은 상태나 상황을 마음껏 계속하여 즐기다.
- 기쁨을 누리다.
- 자유를 누리다.

벌이다
일을 계획하여 시작하거나 펼치다.
- 장난을 벌이다.
- 소동을 벌이다.

벌리다
오므라져 있는 것을 펴지거나 열리게 하다.
- 팔을 벌리다.
- 입을 벌리다.

비치다
빛이 나서 환하게 되다.
- 햇빛이 비치다.
- 조명이 비치다.

비추다
빛을 내는 물건을 사용하여 다른 것을 밝게 하거나 드러나게 하다.
- 손전등을 비추다.
- 횃불을 비추다.

가르다
나누어 따로 되게 하다.

| 편을 가르다. | 물살을 가르다. |

가리다
막거나 감추어 보이거나 통하지 않게 되다.

| 눈을 가리다. | 그늘에 가리다. |

외롭다
혼자가 되거나 의지할 데가 없어서 쓸쓸하다.

| 나는 외롭다. | 혼자라서 외롭다. |

이롭다
도움이나 이익이 되다.

| 건강에 이롭다. | 사람에게 이롭다. |

부딪치다
매우 세게 마주 닿다. 또는 마주 닿게 하다.

| 그릇끼리 부딪치다. | 손바닥을 부딪치다. |

부딪히다
매우 세게 마주 닿게 되다.

| 벽에 부딪히다. | 가로등에 부딪히다. |

가르치다
무엇을 알도록 일러 주다.

| 국어를 가르치다. | 태권도를 가르치다. |

가리키다
손가락으로 방향이나 대상을 집어서 보이거나 말하거나 알리다.

| 남쪽을 가리키다. | 손으로 가리키다. |

서투르다
어떤 것에 미숙하거나 잘하지 못하다.

| 행동이 서투르다. | 발음이 서투르다. |

서두르다
일을 빨리 하려고 침착하지 못하고 급하게 행동하다.

| 준비를 서두르다. | 하교를 서두르다. |

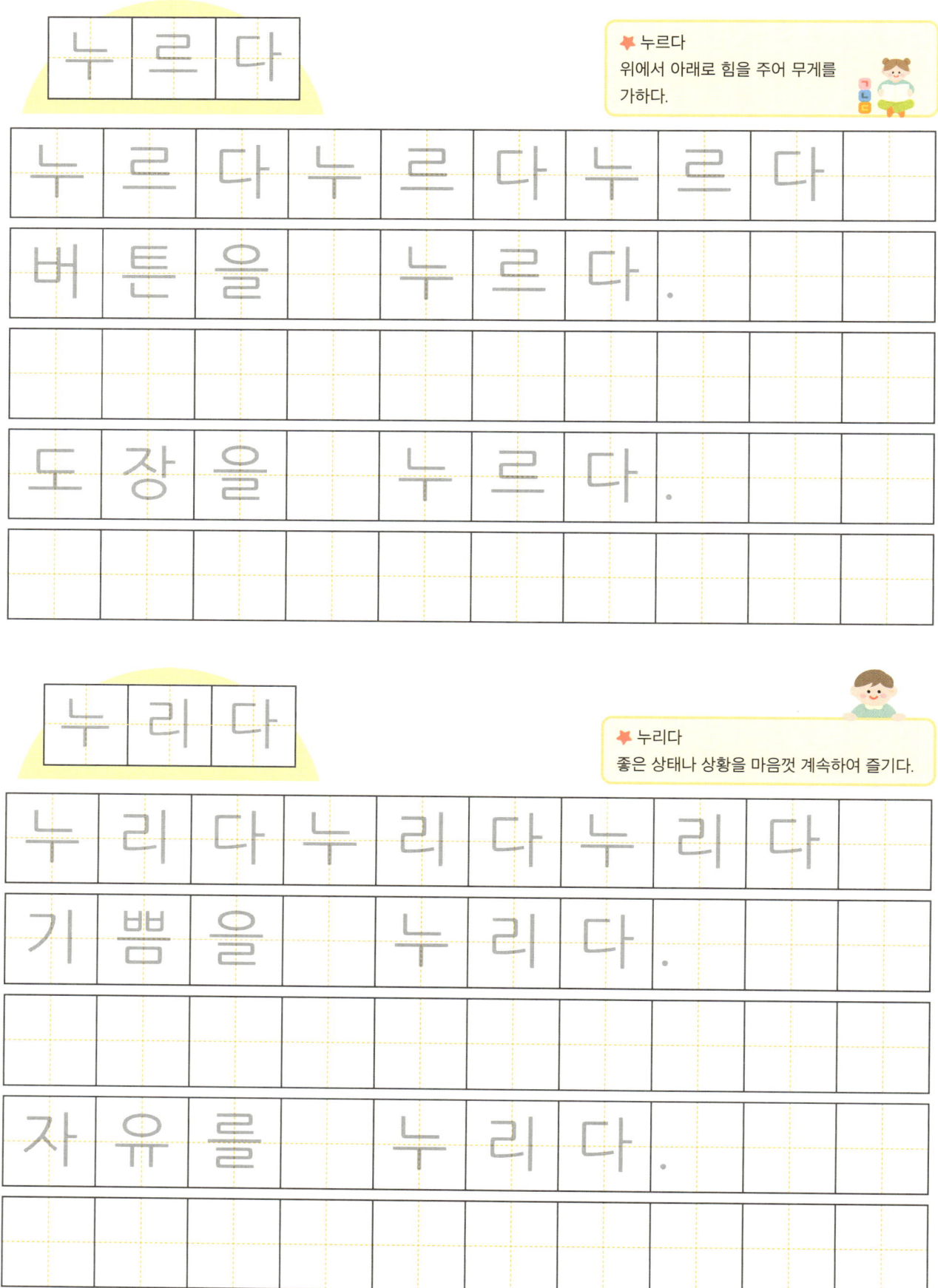

누르다
위에서 아래로 힘을 주어 무게를 가하다.

누르다누르다누르다

버튼을 누르다.

도장을 누르다.

누리다
좋은 상태나 상황을 마음껏 계속하여 즐기다.

누리다누리다누리다

기쁨을 누리다.

자유를 누리다.

| 벌 | 이 | 다 |

★ 벌이다
일을 계획하여 시작하거나 펼치다.

벌이다 벌이다 벌이다

장난을 벌이다.

소동을 벌이다.

| 벌 | 리 | 다 |

★ 벌리다
오므라져 있는 것을 펴지거나 열리게 하다.

벌리다 벌리다 벌리다

팔을 벌리다.

입을 벌리다.

| 비 | 치 | 다 |

★ 비치다
빛이 나서 환하게 되다.

| 비 | 치 | 다 | 비 | 치 | 다 | 비 | 치 | 다 | |

| 햇 | 빛 | 이 | | 비 | 치 | 다 | . | | |

| | | | | | | | | | |

| 조 | 명 | 이 | | 비 | 치 | 다 | . | | |

| | | | | | | | | | |

| 비 | 추 | 다 |

★ 비추다
빛을 내는 물건을 사용하여 다른 것을 밝게 하거나 드러나게 하다.

| 비 | 추 | 다 | 비 | 추 | 다 | 비 | 추 | 다 | |

| 손 | 전 | 등 | 을 | | 비 | 추 | 다 | . | |

| | | | | | | | | | |

| 횃 | 불 | 을 | | 비 | 추 | 다 | . | | |

| | | | | | | | | | |

| 가 | 르 | 다 |

★ 가르다
나누어 따로 되게 하다.

가르다 가르다 가르다

편을 가르다.

물살을 가르다.

| 가 | 리 | 다 |

★ 가리다
막거나 감추어 보이거나 통하지 않게 되다.

가리다 가리다 가리다

눈을 가리다.

그늘에 가리다.

외롭다

★ 외롭다
혼자가 되거나 의지할 데가 없어서 쓸쓸하다.

외롭다 외롭다 외롭다

나는 외롭다.

혼자라서 외롭다.

이롭다

★ 이롭다
도움이나 이익이 되다.

이롭다 이롭다 이롭다

건강에 이롭다.

사람에게 이롭다.

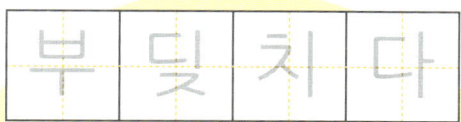

★ 부딪치다
매우 세게 마주 닿다. 또는 마주 닿게 하다.

부	딪	치	다	부	딪	치	다		
그	릇	끼	리		부	딪	치	다	.
손	바	닥	을		부	딪	치	다	.

★ 부딪히다
매우 세게 마주 닿게 되다.

부	딪	히	다	부	딪	히	다		
벽	에		부	딪	히	다	.		
가	로	등	에		부	딪	히	다	.

| 가 | 르 | 치 | 다 |

★ 가르치다
무엇을 알도록 일러 주다.

가	르	치	다	가	르	치	다		
국	어	를		가	르	치	다	.	
태	권	도	를		가	르	치	다	.

| 가 | 르 | 키 | 다 |

★ 가리키다
손가락으로 방향이나 대상을 집어서 보이거나 말하거나 알리다.

가	르	키	다	가	르	키	다		
남	쪽	을		가	르	키	다	.	
손	으	로		가	르	키	다	.	

★ 서투르다
어떤 것에 미숙하거나 잘하지 못하다.

서투르다 서투르다

행동이 서투르다.

발음이 서투르다.

★ 서두르다
일을 빨리 하려고 침착하지 못하고 급하게 행동하다.

서두르다 서두르다

준비를 서두르다.

학교를 서두르다.

이렇게 공부해요

무작정 많이 쓴다고 글씨체가 좋아지거나 어휘력이 늘지 않습니다. 새로 알게 된 낱말과 좋은 표현들을 실생활에 사용할 수 있도록 지도해 주세요. 어린이 스스로 재미있게 글씨를 쓰고 어휘를 익히는 가장 좋은 방법입니다.
오늘의 학습 내용을 확인하고 지도하는 보호자가 함께 어휘를 사용하면서 표현력을 키울 수 있도록 도와주세요.

14일 두 글자 띄어쓰기

문장을 쓸 때는 글자 크기를 일정하게 맞추고 띄어쓰기를 바르게 하는 것이 중요합니다. 발음이 비슷한 단어들의 의미를 익히고 띄어쓰기에 유의하면서 써 보세요.

🌸 오늘의 단어

늘 다
수나 양 등이 원래보다 많아지다.

> 날씨가 좋아져서 공원에 오는 사람이 늘었다.

널 다
볕을 쬐거나 바람을 쐬어 말리기 위하여 펼쳐 놓다.

> 흰 옷은 흰 옷끼리 빨아서 널어야 한다.

작 다
다른 것과 견주어 크기가 크지 않다.

> 동생은 나보다 몸집이 작아서 옷이 헐렁하다.

적 다
수나 양이 많지 않다.

> 올해는 비가 많이 내려서 맛있는 과일이 적겠구나.

빚다
흙 등을 반죽하고 주물러서 어떤 형태를 만들다.

밀가루로 반죽을 빚으면 수제비를 만들 수 있다.

빗다
머리카락이나 털을 빗이나 손 등으로 가지런히 정리하다.

엉킨 머리를 빗으로 천천히 빗어요.

닿다
가까이 붙게 되다.

나도 아빠처럼 키가 커서 손이 닿았으면 좋겠어.

닳다
오래 쓰거나 갈려서 어떤 물건이 낡다.

운동화를 오래 쓴 나머지 뒤축이 다 닳았다.

붇다
오랫동안 물에 젖어서 커지거나 무르게 되다.

짜장면은 빨리 먹지 않으면 금세 붇는다.

붓다
물, 우유, 기름 따위나 가루를 다른 곳에 쏟아 넣다.

컵라면에 물을 붓고 면이 익기를 기다렸다.

떨다
몹시 추워하거나 무서워서 흔들리다.

날씨가 추워져서 몸이 사시나무 떨듯 하였다.

떫다
맛이 쓰고 텁텁하다.

시장에서 샀던 감은 너무 떫어서 먹을 수가 없었다.

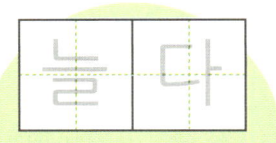

★ 늘다
수나 양 등이 원래보다 많아지다.

날씨가 ∨ 좋아져서 ∨ 공원에 ∨ 오는 ∨ 사람이 ∨ 늘었다.

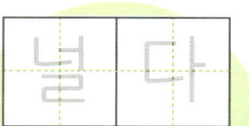

★ 널다
볕을 쬐거나 바람을 쐬어 말리기 위하여 펼쳐 놓다.

흰 ∨ 옷은 ∨ 흰 ∨ 옷끼리 ∨ 빨아서 ∨ 널어야 ∨ 한다.

| 작 | 다 |

★ 작다
다른 것과 견주어 크기가 크지 않다.

동생은 ∨ 나보다 ∨ 몸집이 ∨
작아서 ∨ 옷이 ∨ 헐렁하다.

| 적 | 다 |

★ 적다
수나 양이 많지 않다.

올해는 ∨ 비가 ∨ 많이 ∨ 내려
서 ∨ 맛있는 ∨ 과일이 ∨ 적겠
구나.

빚다

> **빚다**
> 흙 등을 반죽하고 주물러서 어떤 형태를 만들다.

밀가루로 반죽을 빚으면 수제비를 만들 수 있다.

빗다

> **빗다**
> 머리카락이나 털을 빗이나 손 등으로 가지런히 정리하다.

엉킨 머리를 빗으로 천천히 빗어요.

| 불 | 다 |

★ 붇다
오랫동안 물에 젖어서 커지거나 무르게 되다.

| 짜 | 장 | 면 | 은 | ∨ | 빨 | 리 | ∨ | 먹 | 지 | ∨ | 않 |
| 오 | 면 | ∨ | 금 | 세 | ∨ | 붇 | 는 | 다 | . | | |

| 붓 | 다 |

★ 붓다
물, 우유, 기름 따위나 가루를 다른 곳에 쏟아 넣다.

| 컵 | 라 | 면 | 에 | ∨ | 물 | 을 | ∨ | 붓 | 고 | ∨ | 면 |
| 이 | ∨ | 익 | 기 | 를 | ∨ | 기 | 다 | 렸 | 다 | . | |

| 떨 | 다 |

★ 떨다
몹시 추워하거나 무서워서 흔들리다.

| 날 | 씨 | 가 | | 추 | 워 | 져 | 서 | | 몸 | 이 | |
| 사 | 시 | 나 | 무 | | 떨 | 듯 | | 하 | 였 | 다 | . |

| 떫 | 다 |

★ 떫다
맛이 쓰고 텁텁하다.

시	장	에	서		샀	던		감	은		너
무		떫	어	서		먹	을		수	가	
없	었	다	.

 세 글자 띄어쓰기 1

문장 전체를 곧게 써 나가기 위해서는 문장의 오른쪽이 올라가거나 내려가지 않아야 해요.
긴 문장일수록 획을 반듯하게 그어서 써 보세요.

🌼 오늘의 단어

잘하다
어떤 일을 좋고 훌륭하게 하다.

선생님께서 수업 시간에 숙제를 잘했다고 칭찬하셨다.

잘 ∨ 하다
무엇을 아무 탈 없이 편하고 순조롭게 하다.

방학 동안 계획대로 잘 한다면 성적이 오를 것이다.

못하다
어떤 일을 일정한 수준보다 떨어지게 하거나, 그것을 할 능력이 없다.

나는 아직 혼자서는 자전거를 타지 못한다.

못 ∨ 하다
실력 혹은 능력이 있지만, 어떤 이유로 여건이 되지 않아 할 수 없다.

어제부터 몸이 아파서 옴짝달싹 못 하고 누워만 있다.

맞히다
어떤 문제에 옳은 답을 내놓다.

고심한 끝에 어려운 수학 문제의 정답을 맞혔다.

맞추다
서로 떨어져 있는 부분을 제자리에 맞게 대어 붙이다.

퍼즐의 마지막 조각을 맞추니 멋진 그림이 완성됐다.

들리다
귀에서 소리를 느껴 알아차리다.

밖에서 소리가 들리는 것 같아서 내다보았다.

들르다
지나는 길에 잠깐 머무르다.

집에 돌아오는 길에 잠시 가게에 들렀다.

겉잡다
겉으로 보고 대충 짐작하여 헤아리다.

강당에 모인 친구들의 수를 겉잡아 말했다.

걷잡다
이어지는 흐름을 바로 잡거나 가라앉히다.

산사태로 인한 피해가 걷잡을 수 없이 크다.

얕보다
실제보다 낮추어 하찮게 보다.

남을 얕잡아 보는 행위는 옳지 못하다.

엿보다
남이 알지 못하게 몰래 보다.

문이 조금 열렸다고 함부로 엿보면 안 된다.

| 잘 | 하 | 다 |

★ 잘하다
어떤 일을 좋고 훌륭하게 하다.

선생님께서 ∨ 수업 ∨ 시간에 ∨ 숙제를 ∨ 잘했다고 ∨ 칭찬하셨다.

| 잘 | ∨ | 하 | 다 |

★ 잘 하다
무엇을 아무 탈 없이 편하고 순조롭게 하다.

방학 ∨ 동안 ∨ 계획대로 ∨ 잘 ∨ 한다면 ∨ 성적이 ∨ 오를 ∨ 것이다.

★ 못하다
어떤 일을 일정한 수준보다 떨어지게 하거나, 그것을 할 능력이 없다.

나는 V 아직 V 혼자서는 V 자전거를 V 타지 V 못한다.

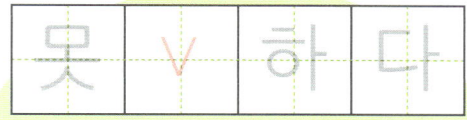

★ 못 하다
실력 혹은 능력이 있지만, 어떤 이유로 여건이 되지 않아 할 수 없다.

어제부터 V 몸이 V 아파서 V 옴짝달싹 V 못 V 하고 V 누워만 V 있다.

맞히다

🌟 맞히다
어떤 문제에 옳은 답을 내놓다.

고심한 끝에 어려운 수학 문제의 정답을 맞혔다.

맞추다

🌟 맞추다
서로 떨어져 있는 부분을 제자리에 맞게 대어 붙이다.

퍼즐의 마지막 조각을 맞추니 멋진 그림이 완성됐다.

겉잡다

겉잡다: 겉으로 보고 대충 짐작하여 헤아리다.

강당에 모인 친구들의 수를 겉잡아 말했다.

걷잡다

걷잡다: 이어지는 흐름을 바로 잡거나 가라앉히다.

산사태로 인한 피해가 걷잡을 수 없이 크다.

얕보다

★ 얕보다
실제보다 낮추어 하찮게 보다.

남을 얕잡아 보는 행위는 옳지 못하다.

엿보다

★ 엿보다
남이 알지 못하게 몰래 보다.

문이 조금 열렸다고 함부로 엿보면 안 된다.

 ## 16일 세 글자 띄어쓰기 2

한 글자 한 글자 정성 들여서 쓰다 보면 일상생활에서도 차분한 태도를 갖게 만들어 줍니다.
획과 획을 연결할 때 삐져나오지 않도록 주의하면서 써 보세요.

🌼 오늘의 단어

저 리 다

살이 오래 눌려 피가 잘 통하지 못해 힘이 없게 되다.

팔을 베고 잤더니 일어났을 때 팔이 저렸다.

절 이 다

소금이나 식초 따위를 먹여 간이 배어들게 하다.

김치를 담그기 위해서 배추를 소금에 절였다.

바 라 다

무엇을 가지고 싶다고 생각하다.

간절히 바라면 무엇이든 해낼 수 있는 힘이 생긴다.

바 래 다

볕이나 습기 때문에 색이 희미해지거나 누렇게 변하다.

잘 입지 않는 옷이지만 색이 바래서 아쉽다.

젖 히 다
무엇의 윗부분을 뒤로 기울게 하거나 안쪽이 겉으로 나오게 하다.

커튼을 젖히고 창문을 열자 시원한 바람이 들어왔다.

제 치 다
거치적거리지 않게 처리하다.

양옆에 달려드는 상대 선수를 제치고 골을 넣었다.

주 리 다
먹을 것을 제대로 먹지 못하거나 굶다.

김 씨는 몹시 배를 주린 까닭에 밥을 허겁지겁 먹었다.

줄 이 다
어떤 것을 원래보다 작게 하다.

선물로 받은 바지가 너무 길어서 줄여 입기로 했다.

거 치 다
어떤 곳을 도중에 지나거나 들르다.

놀이터를 거쳐서 서둘러 약속 장소로 향했다.

걷 히 다
구름이나 안개 등이 흩어져 없어지다.

먹구름이 걷히자 일곱 빛깔 무지개가 떴다.

붙 이 다
서로 맞닿아 떨어지지 않게 하다.

봉투 안에 편지를 넣고서 풀을 발라 붙였다.

부 치 다
편지나 물건 따위를 다른 사람에게 보내다.

멀리 이사를 간 친구에게 오랜만에 편지를 부쳤다.

저리다

저리다
살이 오래 눌려 피가 잘 통하지 못해 힘이 없게 되다.

팔을 베고 잤더니 일어났을 때 팔이 저렸다.

절이다

절이다
소금이나 식초 따위를 먹여 간이 배어들게 하다.

김치를 담그기 위해서 배추를 소금에 절였다.

바라다
무엇을 가지고 싶다고 생각하다.

간절히 바라면 무엇이든 해낼 수 있는 힘이 생긴다.

바래다
볕이나 습기 때문에 색이 희미해지거나 누렇게 변하다.

잘 입지 않는 옷이지만 색이 바래서 아쉽다.

젖 | 히 | 다

★ 젖히다
무엇의 윗부분을 뒤로 기울게 하거나 안쪽이 겉으로 나오게 하다.

커튼을 ∨ 젖히고 ∨ 창문을 ∨
열자 ∨ 시원한 ∨ 바람이 ∨ 들
어왔다.

제 | 치 | 다

★ 제치다
거치적거리지 않게 처리하다.

양옆에 ∨ 달려드는 ∨ 상대 ∨
선수를 ∨ 제치고 ∨ 골을 ∨ 넣
었다.

주리다

주리다
먹을 것을 제대로 먹지 못하거나 굶다.

김 씨는 몹시 배를 주린 까닭에 밥을 허겁지겁 먹었다.

줄이다

줄이다
어떤 것을 원래보다 작게 하다.

선물로 받은 바지가 너무 길어서 줄여 입기로 했다.

거치다

> ★ 거치다
> 어떤 곳을 도중에 지나거나 들르다.

놀이터를 거쳐서 서둘러 약속 장소로 향했다.

걷히다

> ★ 걷히다
> 구름이나 안개 등이 흩어져 없어지다.

먹구름이 걷히자 일곱 빛깔 무지개가 떴다.

붙이다

★ 붙이다
서로 맞닿아 떨어지지 않게 하다.

봉투 안에 편지를 넣고서 풀을 발라 붙였다.

부치다

★ 부치다
편지나 물건 따위를 다른 사람에게 보내다.

멀리 이사를 간 친구에게 오랜만에 편지를 부쳤다.

17일 네 글자 띄어쓰기

글씨 연습은 선을 반듯하게 긋는 것부터 시작하는 것 잊지 않았죠? 매일 꾸준하게 어휘를 익히고 띄어쓰기에 주의하면서 써 보세요.

🌼 오늘의 단어

불거지다

어떤 사물이나 현상이 두드러지게 커지거나 갑자기 생겨나다.

갑자기 눈에 보이지 않던 문제들이 이것 저것 불거져 나왔다.

붉어지다

빛깔이 점점 붉게 되어가다.

한동안 말없이 쳐다보기만 하더니 얼굴이 붉어졌다.

부서지다

단단한 물체가 깨어져 여러 조각이 나다.

실수로 유리병을 떨어뜨렸더니 완전히 부서지고 말았어.

부러지다

단단한 물체가 꺾여서 둘로 겹쳐지거나 동강이 나다.

허겁지겁 계단에서 내려오다가 넘어진 탓에 팔이 부러졌다.

스러지다
어떤 모양이 점점 어렴풋해지다가 없어지다.

새벽이 밝아오자 밝게 빛나던 별도 서서히 스러졌다.

쓰러지다
서 있던 것이 한쪽으로 쏠리어 넘어지다.

건물이 너무 오래 되어서 거의 쓰러질 지경이었다.

해어지다
닳아서 구멍이 나거나 찢어지다.

좋아하는 책을 얼마나 많이 읽었는지 해어질 대로 해어졌다.

헤어지다
친하게 지내거나 같이 있던 사람과 떨어지다.

우리는 운동장에서 신나게 놀고 난 다음 헤어지기로 했다.

넙죽하다
망설이거나 주저하지 않고 선뜻 행동하다.

꼬리를 흔들며 다가오는 강아지를 넙죽 끌어안아 버렸다.

넓죽하다
길쭉하고 넓다.

하마는 크고 넓죽한 입에 날카로운 송곳니를 가졌다.

어지럽다
몸을 제대로 가눌 수가 없이 정신이 흐리고 얼떨떨하다.

감기에 걸린 탓인지 몸이 떨리고 머리가 어지러웠다.

어이없다
일이 너무 뜻밖이어서 기가 막히는 듯하다.

약속을 갑자기 취소한 이유가 어이없어서 웃음만 나왔다.

불거지다 ‖ 어떤 사물이나 현상이 두드러지게 커지거나 갑자기 생겨나다.

갑자기 ∨ 눈에 ∨ 보이지 ∨ 않던 ∨ 문제들이 ∨ 이것저것 ∨ 불거져 ∨ 나왔다.

붉어지다 ‖ 빛깔이 점점 붉게 되어가다.

한동안 ∨ 말없이 ∨ 쳐다보기만 ∨ 하더니 ∨ 얼굴이 ∨ 붉어졌다.

부서지다 ∥ 단단한 물체가 깨어져 여러 조각이 나다.

실수로 유리병을 떨어뜨렸더니 완전히 부서지고 말았어.

부러지다 ∥ 단단한 물체가 꺾여서 둘로 겹쳐지거나 동강이 나다.

허겁지겁 계단에서 내려오다가 넘어진 탓에 팔이 부러졌다.

스러지다 | 어떤 모양이 점점 어렴풋해지다가 없어지다.

새벽이 V 밝아오자 V 밝게 V 빛나던 V 별도 V 서서히 V 스러졌다.

쓰러지다 | 서 있던 것이 한쪽으로 쏠리어 넘어지다.

건물이 V 너무 V 오래 V 되어서 V 거의 V 쓰러질 V 지경이었다.

 **해어지다** ‖ 닳아서 구멍이 나거나 찢어지다.

좋아하는 책을 얼마나 많이 읽었는지 해어질 대로 해어졌다.

 **헤어지다** ‖ 친하게 지내거나 같이 있던 사람과 떨어지다.

우리는 운동장에서 신나게 놀고 난 다음 헤어지기로 했다.

넙죽하다 ‖ 망설이거나 주저하지 않고 선뜻 행동하다.

꼬리를 ∨ 흔들며 ∨ 다가오는 ∨ 강아지를 ∨ 넙죽 ∨ 끌어안아 ∨ 버렸다.

넓죽하다 ‖ 길쭉하고 넓다.

하마는 ∨ 크고 ∨ 넓죽한 ∨ 입에 ∨ 날카로운 ∨ 송곳니를 ∨ 가졌다.

어지럽다 || 몸을 제대로 가눌 수가 없이 정신이 흐리고 얼떨떨하다.

감기에 V 걸린 V 탓인지 V 몸이 V 떨리고 V 머리가 V 어지러웠다.

어이없다 || 일이 너무 뜻밖이어서 기가 막히는 듯하다.

약속을 V 갑자기 V 취소한 V 이유가 V 어이없어서 V 웃음만 V 나왔다.

18일 다섯 글자 띄어쓰기

엄지와 검지로 가볍게 잡고 중지로 연필을 받쳐서 쓰고 있나요? 열심히 연습한 만큼 글씨에서 자신감이 보일 수 있도록 끝까지 연필을 바르게 잡고 써 보세요.

🌼 오늘의 단어

기 울 어 지 다

물건, 마음, 생각, 의견 등이 한 방향으로 치우치게 되다.

큰 나무들조차 태풍이 불면 기울어지거나 뽑히거나 한다.

기 웃 거 리 다

무엇을 보거나 찾기 위해 고개나 몸을 이쪽저쪽으로 자꾸 기울이다.

재미있는 일이 벌어질지도 몰라서 계속 기웃거렸다.

잊 어 버 리 다

한번 알았던 것을 기억하지 못하거나 전혀 기억해 내지 못하다.

좋지 않은 기억은 빨리 잊어버리고 다시 시작하자.

잃 어 버 리 다

가졌던 물건이 자신도 모르는 사이에 사라지다.

아버지는 잃어버렸던 반지를 찾게 되어서 기뻐하셨다.

널브러지다
너저분하게 흐트러지거나 흩어지다.

> 널브러진 장난감들을 얼른 정리하고 나갈 준비를 했다.

느지막하다
시간이나 기한이 매우 늦다.

> 오늘은 느지막하게 일어나 간단한 아침을 먹었다.

떽떽거리다
콧대를 세우고 으스대며 거만하게 큰 소리로 말하거나 행동하다.

> 친구가 조별 활동에서 하도 떽떽거려서 마음이 불편하다.

꽥꽥거리다
갑자기 목청을 높여 자꾸 소리를 지르다.

> 고양이가 나타나자 얌전하게 있던 오리들이 갑자기 꽥꽥거렸다.

끌어모으다
한곳으로 모여들게 하다.

> 신부님은 전 재산을 끌어모아서 고아원을 설립하셨다.

끓어오르다
액체가 끓어서 위로 솟아오르다.

> 화산을 들여다보면 용암이 끓어오르는 것을 볼 수 있다.

망가뜨리다
부수거나 깨거나 또는 고장 나게 해서 완전히 못 쓰게 만들다.

> 힘을 너무 세게 준 나머지 부품을 망가뜨리고 말았다.

맞닥뜨리다
좋지 않은 일 등을 갑자기 마주하게 되다.

> 지금까지 겪어보지 못한 어려운 상황에 맞닥뜨렸다.

기울어지다
물건, 마음, 생각, 의견 등이 한 방향으로 치우치게 되다.

큰 V 나무들조차 V 태풍이 V 불면 V 기울어지거나 V 뽑히거나 V 한다.

기웃거리다
무엇을 보거나 찾기 위해 고개나 몸을 이쪽저쪽으로 자꾸 기울이다.

재미있는 V 일이 V 벌어질지도 V 몰라서 V 계속 V 기웃거렸다.

잊어버리다 ‖ 한번 알았던 것을 기억하지 못하거나 전혀 기억해 내지 못하다.

좋지 않은 기억은 빨리 잊어버리고 다시 시작하자.

잃어버리다 ‖ 가졌던 물건이 자신도 모르는 사이에 사라지다.

아버지는 잃어버렸던 반지를 찾게 되어서 기뻐하셨다.

널브러지다 ｜｜ 너저분하게 흐트러지거나 흩어지다.

널브러진 장난감들을 얼른 정리하고 나갈 준비를 했다.

느지막하다 ｜｜ 시간이나 기한이 매우 늦다.

오늘은 느지막하게 일어나 간단한 아침을 먹었다.

떽떽거리다
콧대를 세우고 으스대며 매우 거만하게 큰 소리로 말하거나 행동하다.

친구가 조별 활동에서 하도 떽떽거려서 마음이 불편하다.

꽥꽥거리다
갑자기 목청을 높여 자꾸 소리를 지르다.

고양이가 나타나자 얌전하게 있던 오리들이 갑자기 꽥꽥거렸다.

끌어모으다 | 한곳으로 모여들게 하다.

신부님은 전 재산을 끌어모아서 고아원을 설립하셨다.

끓어오르다 | 액체가 끓어서 위로 솟아오르다.

화산을 들여다보면 용암이 끓어오르는 것을 볼 수 있다.

망가뜨리다

부수거나 깨거나 또는 고장 나게 해서 완전히 못 쓰게 만들다.

힘을 너무 세게 준 나머지 부품을 망가뜨리고 말았다.

맞닥뜨리다

좋지 않은 일 등을 갑자기 마주하게 되다.

지금까지 겪어보지 못한 어려운 상황에 맞닥뜨렸다.

이렇게 공부해요

문장이 길어지면서 반듯했던 선이 틀어지고 연필이 희미하지는 않나요? 선에서부터 글자 하나하나의 모양을 연습하고 다양한 어휘를 써 보며 띄어쓰기까지 지치지 않고 연습한 친구들과 부모님, 모두 고생했어요.
4장에서는 어휘의 의미보다는 문장 전체의 의미를 알아보면서 바른 글씨를 써 볼 거예요. 문장 전체를 쓰다 보면 앞서 연습했던 기본적인 부분을 놓칠 수 있으니 글씨를 쓰기 전 다시 한 번 연필과 자세, 바른 선을 확인해 주세요.

4장

바른 글씨로 다양한 문장을 써 보아요

 일상생활에서 쓰는 관용구 쓰기

일상에서 많이 사용하면서 둘 이상의 낱말이 합쳐져 원래의 뜻과는 다른 새로운 의미를 나타내는 표현을 관용구라고 해요. 일상생활에서 대화하거나 글을 쓸 때 많이 사용해요.

입만 아프다
여러 번 이야기해도 듣는 사람이 받아들이지 않는 것을 의미해요.

입만 아프다 입만 아프다 입만 아프다

귀가 번쩍 뜨이다
여러 번 이야기해도 듣는 사람이 받아들이지 않는 것을 의미해요.

귀가 번쩍 뜨이다 귀가 번쩍 뜨이다

손발이 맞다
함께 일을 하는 데에 마음이나 행동방식 등이 서로 맞다는 표현이에요.

손발이 맞다 손발이 맞다 손발이 맞다

겁에 질리다
잔뜩 겁을 먹어서 무서워하고 있는 상태를 의미해요.

겁에 질리다 겁에 질리다 겁에 질리다

첫걸음마를 떼다
어떤 일을 시작함을 의미해요.

첫걸음마를 떼다 첫걸음마를 떼다

빛을 발하다
열심히 노력한 능력이 인정받고 드러남을 의미해요.

빛을 발하다 빛을 발하다 빛을 발하다

손에 땀을 쥐다
긴장되거나 조마조마할 때 쓰는 표현이에요.

손에 땀을 쥐다 손에 땀을 쥐다

귓등으로도 안 듣는다
조언이나 말을 전혀 듣지 않을 때 쓰는 표현이에요.

귓등으로도 안 듣는다 귓등으로도 안 듣는다

 ## 20일 재미있는 속담 쓰기

연습하니까 확실히 글자가 나아지고 있는 것이 보이나요? 오늘은 재미있는 속담을 써 볼 거예요. 속담도 관용구 못지않게 일상생활에서 자주 쓰이기 때문에 익숙해지면 좋아요.

 **우물 안 개구리**
넓은 세상을 알지 못하는 어리석은 사람을 의미해요.

우물 안 개구리 우물 안 개구리

 **도토리 키 재기**
실력이 비슷한 사람들끼리 서로 겨루는 모습을 표현할 때 써요.

도토리 키 재기 도토리 키 재기

누워서 침 뱉기
남을 해치려다가 도리어 자기가 해를 입게 된다는 의미에요.

누워서 침 뱉기 누워서 침 뱉기

하나만 알고 둘은 모른다
사물의 한 측면만 보고 폭넓게 생각하지 못한다는 의미에요.

하나만 알고 둘은 모른다

하나만 알고 둘은 모른다

배보다 배꼽이 더 크다
작아야 할 것이 더 크고, 커야 할 것이 더 작다는 의미에요.

배보다 배꼽이 더 크다

배보다 배꼽이 더 크다

가랑비에 옷 젖는 줄 모른다
사소하고 작은 일이 반복되면 나중에 큰 피해를 볼 수 있으니 조심하라는 뜻이에요.

가랑비에 옷 젖는 줄 모른다

가랑비에 옷 젖는 줄 모른다

열 번 찍어 안 넘어가는 나무 없다
어떤 일이라도 꾸준히 하면 해낼 수 있다는 의미에요.

열 번 찍어 안 넘어가는 나무 없다
열 번 찍어 안 넘어가는 나무 없다

소 잃고 외양간 고친다
이미 일이 잘못된 뒤에는 손을 써도 소용이 없다는 의미에요.

소 잃고 외양간 고친다
소 잃고 외양간 고친다

 조상의 지혜가 담긴 사자성어 쓰기

사자성어는 한자 네 글자로 이루어져 있고 일상생활이나 글에 많이 사용되어요. TV 프로그램이나 책에서 자주 사용하는 사자성어를 써 보면서 의미를 익혀 보세요.

 금시초문
바로 지금 처음 들었다는 뜻이에요.

금시초문 금시초문 금시초문 금시초문

 군계일학
많은 사람 가운데서 뛰어난 인물을 이르는 말이에요.

군계일학 군계일학 군계일학 군계일학

다다익선
많으면 많을수록 좋다는 뜻이에요.

다다익선 다다익선 다다익선 다다익선

동상이몽
함께 행동하지만 속으로는 서로 다른 생각을 하고 있다는 뜻이에요.

동상이몽 동상이몽 동상이몽 동상이몽

명불허전
이름이 알려진 데에는 그럴 만한 이유가 있다는 뜻이에요.

명불허전 명불허전 명불허전 명불허전

박장대소
손뼉을 치며 크게 웃는다는 뜻이에요.

박장대소 박장대소 박장대소 박장대소

선견지명
어떤 일이 일어나기 전에 다가올 일을 미리 예측하는 지혜를 뜻해요.

선견지명 선견지명 선견지명 선견지명

일취월장
나날이 다달이 자라거나 발전한다는 뜻이에요.

일취월장 일취월장 일취월장 일취월장

22일 꿈이 자라는 명언 쓰기

글씨를 연습할 때에는 훌륭한 위인이나 내가 좋아하는 글귀를 쓰면 도움이 되어요. 명언이 나를 응원해 주는 것 같거든요. 예쁘고 바른 글씨가 더 빛날 수 있는 명언으로 연습해 보세요.

행복한 일은 매일 있어. _〈곰돌이 푸〉

행복한 일은 매일 있어.

기적은 조금 시간이 걸린단다. _〈신데렐라〉

기적은 조금 시간이 걸린단다.

희망과 자신감이 없으면 아무것도 이루어질 수 없다. _ 헬렌 켈러

희망과 자신감이 없으면 아무것도 이루어질 수 없다.

내가 변하면 모든 것이 변한다. _ 발자크

내가 변하면 모든 것이 변한다.

 죽고자 하면 반드시 살고 살고자 하면 죽는다. _이순신

죽고자 하면 반드시 살고 살고자 하면 죽는다.

 나를 다스려야 뜻을 이룬다. 모든 것은 나 자신에 달려 있다. _김구

나를 다스려야 뜻을 이룬다. 모든 것은 나 자신에 달려 있다.

 많이 보고 많이 겪고 많이 공부하는 것은 배움의 세 가지 기둥이다. _정약용

많이 보고 많이 겪고 많이 공부하는 것은 배움의 세 가지 기둥이다.

 멈추지 않는 이상 얼마나 천천히 가는지는 문제가 되지 않는다. _공자

멈추지 않는 이상 얼마나 천천히 가는지는 문제가 되지 않는다.

23일 아름다운 동시 쓰기 1

운율이 아름다운 동시를 써 볼까요? 또박또박 쓰되 너무 속도가 느리지 않도록 써 보세요. 적당한 속도로 쓰면서 바른 자세를 유지해서 동시를 써 보세요.

엄마야 누나야 _ 김소월

엄마야 누나야 강변 살자
뜰에는 반짝이는 금모랫빛
뒷문 밖에는 갈잎의 노래
엄마야 누나야 강변 살자

엄마야 누나야 강변 살자
뜰에는 반짝이는 금모랫빛
뒷문 밖에는 갈잎의 노래
엄마야 누나야 강변 살자

봄 _ 윤동주

우리 애기는
아래발치에서 코올코올,

고양이는
부뚜막에서 가릉가릉

애기 바람이
나뭇가지에서 소올소올

아저씨 햇님이
하늘 한가운데서 째앵째앵.

우리 애기는

아래발치에서 코올코올,

고양이는

부뚜막에서 가릉가릉

애기 바람이

나뭇가지에서 소올소올

아저씨 햇님이

하늘 한가운데서 째앵째앵.

24일 아름다운 동시 쓰기 2

동시의 운율처럼 자연스러운 속도로 써 보도록 해요. 너무 천천히 쓰면 글자를 꼭 써야 할 때 열심히 연습한 글자 모양이 나오지 않을 수 있거든요.

귀뚜라미 소리 _ 방정환

귀뚜라미 귀뚜르르 가느단 소리
달님도 추워서 파랗습니다

울 밑에 과꽃이 네 밤만 자면
눈 오는 겨울이 찾아온다고

귀뚜라미 귀뚜르르 가느단 소리
달밤에 오동잎이 떨어집니다

귀뚜라미 귀뚜르르 가느단 소리

달님도 추워서 파랗습니다

울 밑에 과꽃이 네 밤만 자면

눈 오는 겨울이 찾아온다고

귀뚜라미 귀뚜르르 가느단 소리

달밤에 오동잎이 떨어집니다

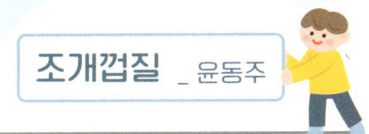

조개껍질 _ 윤동주

아롱아롱 조개껍데기
울 언니 바닷가에서
주워 온 조개껍데기

여긴여긴 북쪽 나라요
조개는 귀여운 선물
장난감 조개껍데기

데굴데굴 굴리며 놀다
짝 잃은 조개껍데기
한 짝을 그리워하네

아롱아롱 조개껍데기
나처럼 그리워하네
물소리 바닷물소리

아롱아롱 조개껍데기
울 언니 바닷가에서
주워 온 조개껍데기

여긴여긴 북쪽 나라요
조개는 귀여운 선물
장난감 조개껍데기

데굴데굴 굴리며 놀다
짝 잃은 조개껍데기
한 짝을 그리워하네

아롱아롱 조개껍데기
나처럼 그리워하네
물소리 바닷물소리

이렇게 공부해요

알맞은 간격으로 띄어 쓰고 재미있는 문장을 연습했다면 5장에서는 문장과 문장이 이어지도록 써 볼 거예요. 다양한 이야기를 통해 삶의 지혜와 슬기를 배워 보세요.

긴 문장을 쓰면서 집중하게 되고 마음이 평온해지고 차분해집니다. 우리 어린이 친구들이 재미있는 이야기들을 쓸 때 부모님도 함께 좋은 문장을 찾아서 써 보세요. 30일간의 바른 글씨 쓰기가 끝나도 좋은 습관으로 남아 아이와 부모님이 함께하는 의미가 있는 시간이 될 거예요.

5장

바른 글씨로 긴 글을 써 보아요

 ## 25일 재미있는 전래동화 쓰기 <콩쥐팥쥐>

앞에서 연습했던 반듯한 글자의 모양과 글귀의 의미를 생각하며 재미있는 전래동화의 문장을 써 보세요.

콩쥐가 항아리에 물을 채우는데, 물이 줄줄

콩쥐가 항아리에 물을 채우는데, 물이 줄줄

새기만 했어요. 그때 두꺼비가 나타나 깨진

새기만 했어요. 그때 두꺼비가 나타나 깨진

항아리의 구멍을 막아 주었어요. 덕분에 콩

쥐는 물을 채울 수 있었지요. 새엄마와 팥

쥐는 콩쥐만 두고 마을 잔치에 가 버렸어요.

선녀가 콩쥐에게 색동옷과 꽃신을 줘서 잔

치에 갈 수 있었어요.

26일 감동적인 세계 명작 쓰기 <키다리 아저씨>

긴 문장을 쓸 때는 손도 아프고 지루할 수 있어요. 하지만 열심히 연습해서 아름다운 글씨가 된다면 정말 뿌듯하겠죠? 글씨의 크기가 일정하도록 또박또박 써 보세요.

아저씨, 제 생각엔 사람에게 가장 필요한 자

질은 상상력이 아닐까 싶어요. 상상력이 있

어야 다른 사람의 처지에서 생각할 수 있거

든요. 그래야 친절한 마음과 연민과 이해심을

가지게 되니까요.

27일 교훈적인 이솝 우화 쓰기 <개미와 베짱이>

긴 문장을 쓰기 전에 미리 연필을 깎아서 쓰기 준비를 했나요? 긴 문장을 쓰는 동안 바른 자세를 유지하면서 재미있는 이솝 우화의 문장을 써 보세요.

햇볕이 쨍쨍 내리쬐는 무더운 여름날이었

어요. 숲속의 부지런한 개미들은 줄지어 먹

이를 나르고 있었어요. 개미들은 쉬지 않고

열심히 일했어요. 그때 베짱이가 나무 그늘

에 누워 노래하면서 놀고 있었어요.

"이렇게 더운 날 왜 이렇게 힘들게 일을 해?"

베짱이는 개미들을 비웃었어요. 개미들은

말했어요.

"지금 열심히 먹이를 모아야 추운 겨울을

날 수 있어."

28일 일상의 바른 글씨 | 알림장 쓰기

학교생활을 하면서 쓰게 되는 알림장은 학교에서 보낸 하루를 되짚어 보고 숙제를 확인하고 말로만 듣고 잊어버릴 수 있는 것들이나 집에 가서 해야 할 일들을 정리하게 도와줘요.

년 10월 7일 월 요일	선생님 확인	보호자 확인

1	감기 조심하세요
2	부모님께 속담 발표하기
3	수학 공책 정리하기
4	받아쓰기 공부 해오기
5	일찍 자고 일찍 일어나기

년　　월　　일　　요일	선생님 확 인	보호자 확 인
1		
2		
3		
4		
5		

년　　월　　일　　요일	선생님 확 인	보호자 확 인
1		
2		
3		
4		
5		

29일 일상의 바른 글씨 | 일기 쓰기

오늘 날씨는 어땠는지 떠올려 보세요. 혹시 어제는 무슨 일을 했는지 기억하나요? 일기를 쓰면 어제, 지난주 또는 작년에 했던 일들과 내가 느꼈던 감정들을 떠올릴 수 있어요.

년 월 일 요일	☀ ⛅ ☁ 🌧 ⛄
일어난 시간	잠든 시간

30일 일상의 바른 글씨 | 독서 노트 쓰기

책 속에는 경험해 보지 못한 다양한 이야기들을 만날 수 있어요. 책 속의 문장을 살펴보고 생각을 적는 과정을 통해 생각도 자라나요.

년 1월 5일 월 요일	책 제목 돼지책
지은이 앤서니 브라운	키워드 엄마, 집안일

줄거리

엄마는 일도 하고 집안일도 혼자 하다 어느날 "너희들은 돼지야" 하고 사라졌다. 엉망진창이 된 집에 엄마가 다시 돌아와 집안일을 모두 나누어 잘 한다.

깨달은 점

엄마의 소중함을 깨닫고 집안일은 가족 모두가 함께 해야겠다는 생각이 들었다. 가족 모두 행복했으면 좋겠다.

년 월 일 요일	책 제목
지은이	키워드

줄거리

깨달은 점

부록

특별한 날, 특별한 글씨를 써 보아요

특별한 날의 손글씨 쓰기 | 축하카드

특별한 날에는 바른 글씨를 이용해서 카드를 꾸며보면 어떨까요? 그림과 글씨로 마음을 꾹꾹 담아서 축하카드를 만들어 보세요.

생신 축하드려요
사랑해요

생신 축하드려요
사랑해요

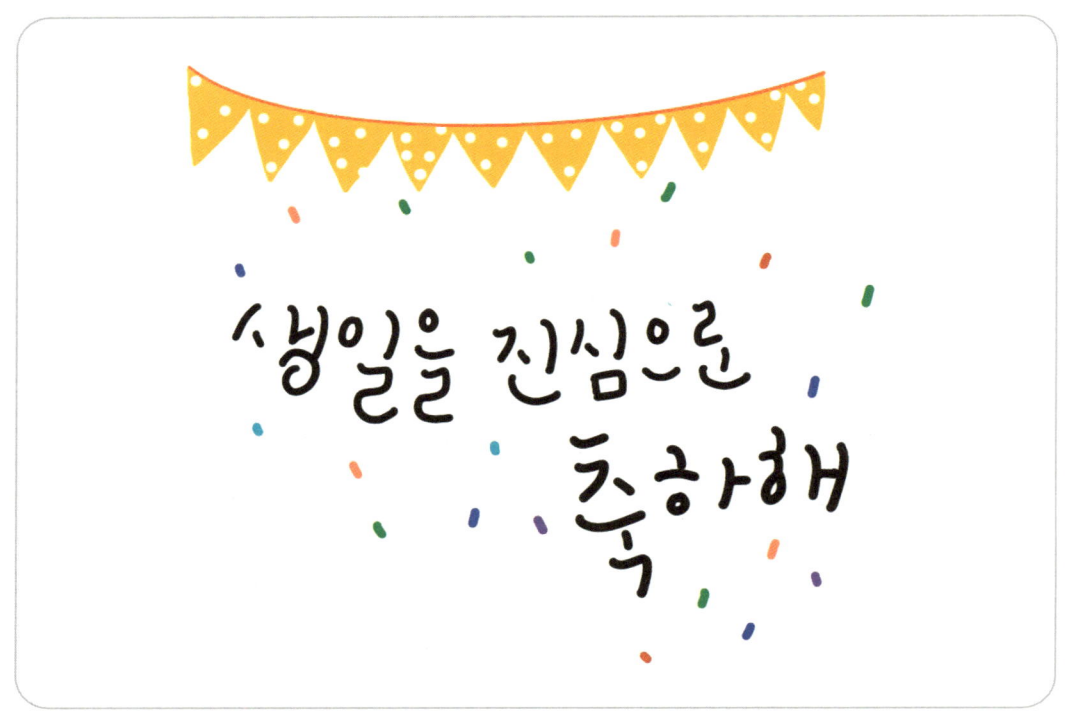

특별한 날의 손글씨 쓰기 | 감사카드

캘리그라피 작가가 아니더라도 소중한 사람들에게 감사의 마음을 전할 때에는 정성들인 손글씨를 써서 전해 보세요.

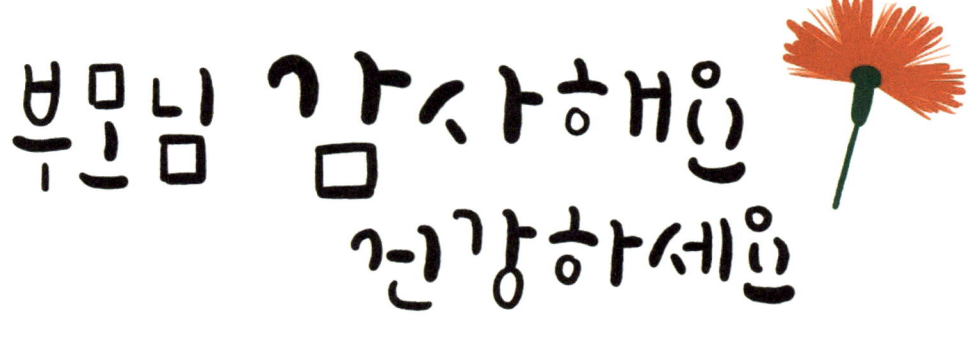

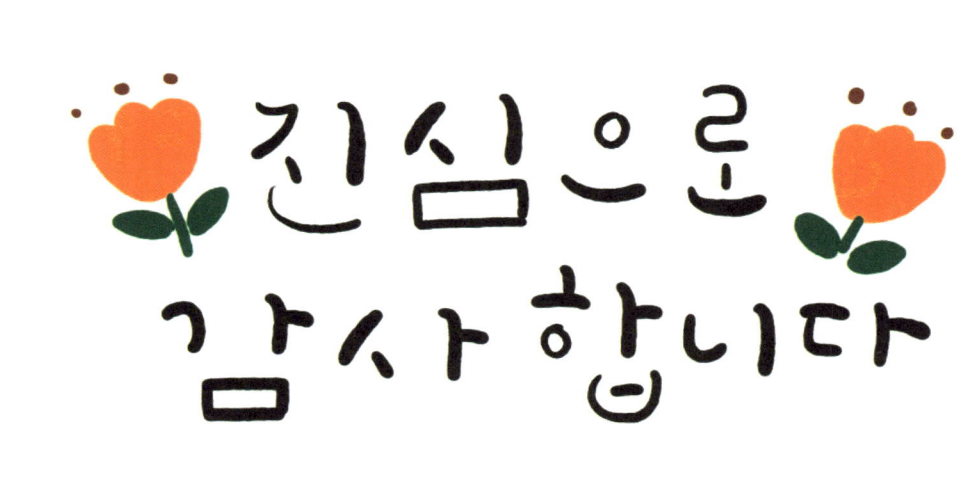

숫자 쓰기

날짜와 시간, 전화번호와 주소에도 쓰이는 숫자는 읽는 사람이 잘 알아볼 수 있게 깔끔하고 단정하게 쓰는 것이 중요해요. 한글보다는 조금 작게 숫자를 써 보세요.

8	8	8					
9	9	9					
10	10	10					
20	20	20					
30	30	30					
40	40	40					
50	50	50					
60	60	60					
70	70	70					
80	80	80					

90	90	90					
100	100	100					
212	212	212					
369	369	369					
401	401	401					
574	574	574					
648	648	648					
795	795	795					
888	888	888					
925	925	925					

알파벳 쓰기

알파벳도 한글처럼 직선과 곡선으로 이루어져 있어요. 실생활에 많이 사용하고 있는 알파벳을 반듯하게 써 보세요. 대문자보다 소문자가 조금 더 작아요.

🍀 대문자 쓰기

A	A	A					
B	B	B					
C	C	C					
D	D	D					
E	E	E					
F	F	F					
G	G	G					

H	H	H					
I	I	I					
J	J	J					
K	K	K					
L	L	L					
M	M	M					
N	N	N					
O	O	O					
P	P	P					
Q	Q	Q					

R	R	R					
S	S	S					
T	T	T					
U	U	U					
V	V	V					
W	W	W					
X	X	X					
Y	Y	Y					
Z	Z	Z					

🌼 소문자 쓰기

a	a	a					
b	b	b					
c	c	c					
d	d	d					
e	e	e					
f	f	f					
g	g	g					
h	h	h					
i	i	i					

j	j	j					
k	k	k					
l	l	l					
m	m	m					
n	n	n					
o	o	o					
p	p	p					
q	q	q					
r	r	r					
s	s	s					

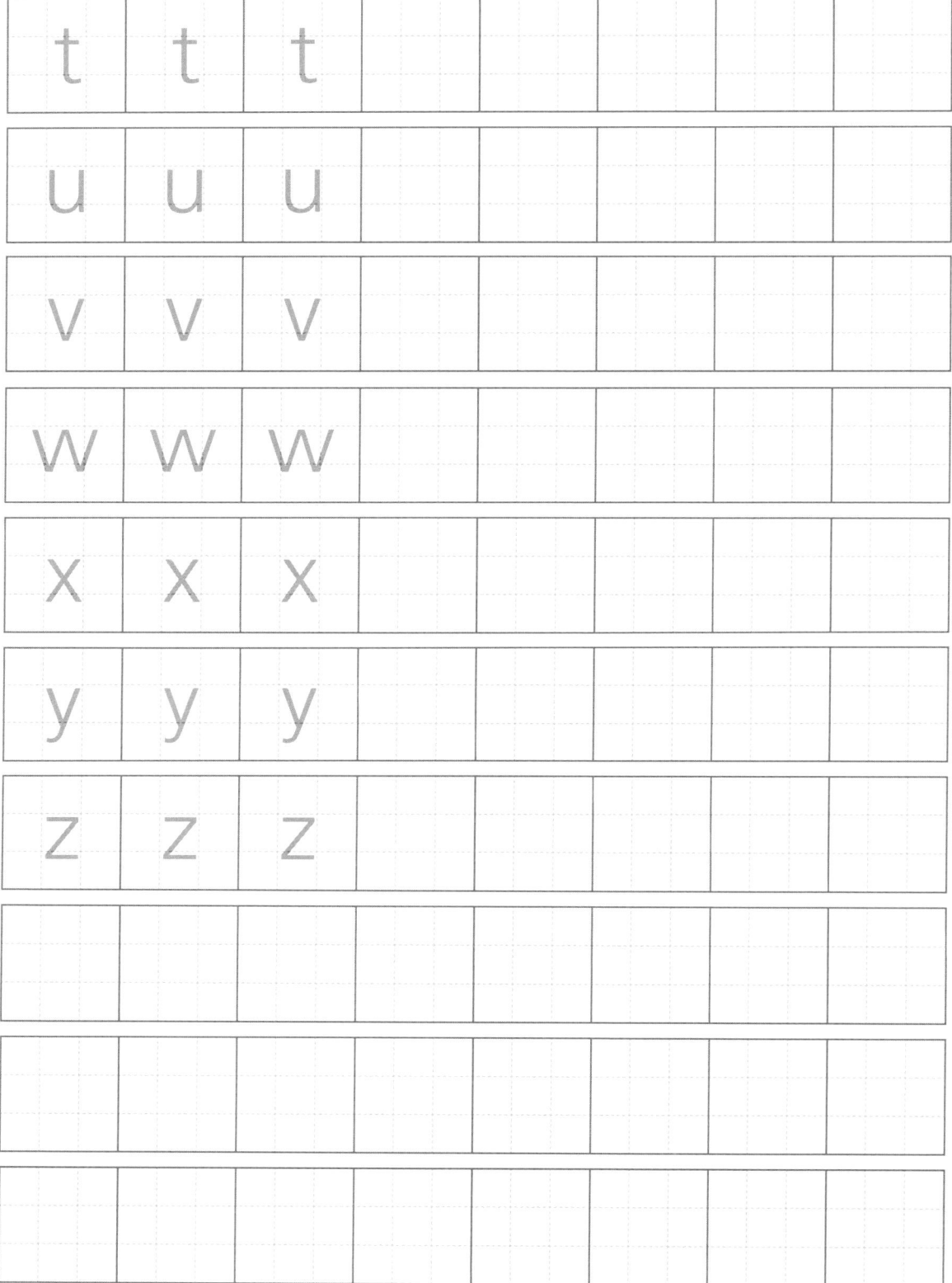

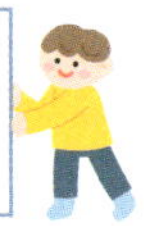

어휘력 탄탄   문해력 쑥쑥
초등 바른 글씨

펴낸날 초판 1쇄 2022년 10월 6일
          2쇄 2024년 11월 8일

지은이 임예진

펴낸이 강진수
편 집 김은숙, 설윤경

인 쇄 (주)사피엔스컬쳐

펴낸곳 (주)북스고   **출판등록**   제2024-000055호 2024년 7월 17일
주 소 서울시 서대문구 서소문로 27, 2층 214호
전 화 (02) 6403-0042   팩 스 (02) 6499-1053

ⓒ 임예진, 2022

- 이 책은 저작권법에 따라 보호를 받는 저작물이므로 무단 전재와 무단 복제를 금지하며,
  이 책 내용의 전부 또는 일부를 이용하려면 반드시 저작권자와 (주)북스고의 서면 동의를 받아야 합니다.
- 책값은 뒤표지에 있습니다. 잘못된 책은 바꾸어 드립니다.

ISBN   979-11-6760-035-6 73640

책 출간을 원하시는 분은 이메일 booksgo@naver.com로 간단한 개요와 취지, 연락처 등을 보내주세요.
Booksgo는 건강하고 행복한 삶을 위한 가치 있는 콘텐츠를 만듭니다.